CHAQUE BUT EST UNE DÉFAITE

THIERRY OMEYER

CHAQUE BUT EST UNE DÉFAITE

THIERRY OMEYER

Écrit avec Chrystelle Bonnet

MARABOUT

SOMMAIRE

Introduction 11

Chapitre 1 : Comment je suis devenu gardien 15
Dans les buts à 12 ans 16
Une famille de handballeurs 20
Les Bleus sous les yeux 24
Le sport scolaire, mon frère et moi 25
Militaire en survêtement 30
Jeu d'échecs et réussite 33

Chapitre 2 : La découverte du très haut niveau 37
Le parfum du gratin du handball 38
Adieu Sélestat, il est temps de partir 40
Descente et envol vers Montpellier 41
Fiesta contre Pampelune 45
Montpellier-Kiel, mon cœur balance 47

Chapitre 3 : Je suis un *Kieler* 51
Vingt et un titres en sept ans 52
Tout pour l'attaque 57
Allemagne, terre de handball 59
Victoires et consécration 64
398 matchs en Bundesliga 69

Chapitre 4 : Un poste technique, physique et mental 73
Un duel psychologique 74
Temps forts, temps faibles 80
Une question de caractère 85
L'observation comme technique d'apprentissage 90
La vidéo n'est pas un jeu 91
150-200 shoots par entraînement 96
Le gardien de but est un athlète comme un autre 101

Match contre la blessure 103
L'entraîneur fait partie du jeu 105

Chapitre 5 : Les Bleus, une équipe pour la vie 111
L'effet *Marseillaise* 112
L'apprentissage d'un Bleu 116
Privé de Jeux 119
Sur le toit du monde 122
Claude Onesta entre en scène 128
Assurer la relève 129
Zagreb 2009 133
« L'ombre » de moi-même 139
Je me soigne en jouant 142
Tous différents, tous pareils 145
Liés à jamais 150
À 38 ans, l'expérience paye 155
Capitaine pour terminer en beauté 159
Seize ans plus tard 161

Chapitre 6 : Le paradis olympique 167
Échanges d'expériences 167
Un échec, deux victoires, une finale 169
Swinging London 172
Si tu vas à Rio 176
Le compte à rebours 178

Chapitre 7 : Passage de témoin ... 181
Une responsabilité accrue ... 182
Une ascension fulgurante ... 187
Transmettre et donner ... 189
La cage aux souvenirs ... 190

Épilogue ... 195
Le plaisir et la raison ... 196
Réflexions d'après-carrière ... 197
Ancien joueur, jeune diplômé ... 200
Regarder devant ... 202

INTRODUCTION

24 août 2008. On vient de battre l'Islande, à Pékin. L'équipe de France est championne olympique. Nous sommes champions olympiques. Je suis champion olympique. Je me laisse glisser au sol, dans le couloir du vestiaire. Je prends mon téléphone. J'appelle Christian, mon frère jumeau. Aucun mot ne sort. On reste quelques minutes comme ça, puis je lui dis : « Bon, on se rappellera plus tard. » On n'avait pas les mots et je ne les ai toujours pas. Champion olympique. Enfants, on n'en rêvait même pas.

L'Islande, c'était l'équipe surprise, personne ne les attendait à ce niveau. En demi-finale, cette super génération de joueurs avait battu l'Espagne. On ne voulait pas laisser passer notre chance de devenir champions olympiques.

Nous sommes les derniers à monter sur le podium de ces Jeux. Il y a toute une tribune avec les familles et les athlètes français, tout le monde est là, c'est énorme. Ce titre, on le veut. Depuis la préparation en mode combat, où on s'est dépouillé, jour après jour. Et là, cela fait deux semaines qu'on voit des Français rentrer au village olympique avec leur médaille. On veut ramener la nôtre. Et on la veut en or.

Avant la rencontre, c'est une sensation particulière. C'est le match dont tu as rêvé, que tout handballeur rêve de disputer. Pendant l'échauffement, je me rappelle que la tension et la pression étaient très fortes. Je ne parle pratiquement pas. Je suis plus fermé qu'à l'habitude.

Et puis, une fois le coup d'envoi donné, c'est parti. Je suis dans mon match. À chaque fois que j'ai ressenti cette tension extrême avant une rencontre, j'ai été bien meilleur que d'habitude. Il faut arriver à ne pas être rattrapé par la pression, la transformer en quelque chose de positif, parce que, jouer ces matchs, c'est tout ce que l'on peut espérer de mieux. Tout ce qu'on a fait jusque-là, avait pour objectif de pouvoir gagner, un jour, une finale olympique. Ce sont ces moments-là, que j'ai toujours recherchés. Ce trac, cette pression, c'est en eux que j'arrivais à trouver les ressources pour réussir des arrêts qui font lever une salle. Avant ce genre de match, j'avais l'habitude de dire et de me dire : « Jouons ! Profitons ! Il faut qu'on joue, qu'en sortant, on n'ait aucun regret. »

À Pékin, l'écart se creuse vite mais je reste concentré. Même avec huit buts d'avance à 10 minutes de la fin, je ne me dis pas que c'est gagné. Je ne peux pas. J'ai toujours eu du mal avec ça. Je voulais toujours jouer jusqu'au bout. Je me souviens de la finale de l'Euro 2006 où Claude Onesta m'avait sorti et je lui avais dit : « Mais non, c'est trop tôt ! », alors qu'il n'était pas trop tôt du tout ! Cette fois-là non plus, on ne serait pas repris. On est champions olympiques. On se tombe dans les bras, on crie, on saute, on rit, on pleure. On s'était programmés pour le faire et on l'a fait. C'est une joie indescriptible. Depuis toutes ces années, toutes ces séances d'entraînement, toutes ces interminables séances de tirs, toute l'exigence que j'y mets chaque jour, cette quête de perfection, cette obsession de la victoire trouvent leur aboutissement. Leur concrétisation, pas leur aboutissement. J'ai 31 ans, je suis dingue de mon sport, dingue de mon poste, je suis arrivé tout en haut, je veux y rester. Cet or, c'est une nouvelle pièce dans mon puzzle personnel. À cet instant, je ne sais évidemment pas de combien d'éléments il se composera.

CHAPITRE 1

COMMENT JE SUIS DEVENU GARDIEN

Toute la semaine mon fils de 8 ans pleurait en répétant : « On va se faire éliminer. » Toute la semaine, il a fallu que je lui explique que non, mais je pouvais dire ce que je voulais, il ne me croyait pas. Alors, une de mes motivations, fut de lui montrer que, si, c'était possible. Pendant le match, il a senti que c'était jouable. En première mi-temps, j'étais sur le banc. Je jetais un coup œil dans sa direction quand je me levais pour vibrer avec le public. Ça ne l'a pas fait. On a gagné mais de seulement neuf buts, ce qui n'était pas suffisant.

Il était inconsolable. J'ai essayé de lui expliquer qu'il pouvait être fier de son papa, et de l'équipe, que l'important, était de ne pas avoir de regrets, de tout avoir fait pour gagner, que, la beauté du sport, c'est aussi, parfois, de savoir perdre. Au terme d'une carrière riche en victoires, c'est sans doute plus facile à dire mais ce sont quand même les défaites qui rendent les victoires plus belles. Si tu gagnes tout le temps, j'imagine qu'elles n'auraient pas la même saveur.

J'aurais adoré la gagner, cette ultime Ligue des champions, c'était l'objectif quand je suis venu à Paris, la remporter cette saison-là avec un troisième club différent, un club français, en plus. Malheureusement, il aura manqué quelques secondes. Et enfin, il y a eu ce dernier match à Coubertin, évidemment... Je sentais que l'émotion grandissait avec le jour J qui approchait. J'ai même surpris ma fille Manon, dans sa chambre sur son ordi en train de regarder la finale du Mondial 2001. Elle était déjà nostalgique alors que ma carrière n'était pas encore tout à fait terminée... Pas tout à fait, mais presque.

Dans les buts à 12 ans

Quand j'étais petit, on mettait dans le but celui qui ne savait pas courir, celui qui n'était pas très doué balle en main. Je n'étais pas mauvais dans le champ mais je me suis orienté de moi-même vers le poste de gardien, à 12 ans. D'abord parce que je trouvais que le nôtre n'était pas très bon et, puis parce que j'avais envie de tenter ma chance. On avait organisé un petit concours avec d'autres joueurs que ça tentait aussi et je l'avais gagné. Je ne sais pas pourquoi mais je pense que je sentais que c'était là où je devais être, en tout cas, que je devais essayer.

J'ai commencé sans savoir que je n'allais jamais quitter ce poste parce qu'à cet âge-là, tu te demandes de temps en temps si tu ne retournerais pas dans le champ, c'est quand même sympa de marquer des buts ! D'ailleurs, quand j'étais énervé d'en avoir pris un, vu, qu'à l'époque chez les jeunes, l'engagement était encore donné par le gardien, il m'arrivait de passer la balle à un joueur, qui me la redonnait et je partais en dribble pour aller marquer. Ça me détendait ! Sur les deux premières années, j'étais le deuxième meilleur buteur de mon équipe, je tirais les penaltys...

En grandissant, ce n'était plus possible, et puis j'étais bien dans les buts. À ce poste-là, tu ne peux t'en prendre qu'à toi-même. C'est un poste ingrat d'ailleurs, on ne réalise pas tout le temps l'importance du gardien. Et pas que dans le handball. Moi, je n'ai pas de frustration, j'ai eu la reconnaissance que, peut-être, je cherchais, avec les distinctions individuelles qui vont avec.

Bien plus tard, quand j'ai été élu meilleur joueur du Mondial en 2015, j'étais particulièrement heureux parce qu'au-delà de la récompense personnelle, toujours un peu schizophrénique dans un sport collectif, cela signifiait que le poste de gardien avait pris une autre dimension. Pour la première fois, un vote d'experts élisait un gardien (si Valérie Nicolas avait été élue au Mondial féminin en 2003, ça n'était jamais arrivé chez les garçons). Alors j'étais forcément fier que ce soit moi, mais j'étais surtout fou de joie que mon poste soit autant mis en avant. Parce que c'est mérité. Cela montrait que l'on avait conscience de l'impact du gardien sur la performance d'une équipe, ce qui n'a pas toujours été le cas. D'autant qu'un bon match ne se mesure pas qu'au nombre d'arrêts, au pourcentage de tirs arrêtés. Il y a aussi la capacité à relancer vite, à faire des bonnes passes, à donner du rythme, le couper, parfois, et bien sûr à faire les arrêts décisifs. Il y a aussi ce qu'on dégage, cette fameuse présence et l'influence qu'elle peut avoir sur ses coéquipiers et aussi sur les adversaires. C'est aussi ça que l'on demande à ce joueur particulier qui a un peu plus de recul sur le terrain que les autres. Quand on vient de perdre deux, trois balles d'affilée, que les joueurs veulent continuer à jouer, toi, tu peux dire : « Oh ! stop, on se calme. » Dégager cette assurance, c'est primordial. Tu peux prendre des buts mais, si tu montres à tes joueurs, que tu es là, que la prochaine est pour toi, ils restent dans leur match. Si tu es en panique, dans le speed, tu n'envoies pas un bon signal, il faut dégager et renvoyer de la sérénité à tes coéquipiers. Gardien de but, c'est toute ma vie. C'est moi. Ce poste correspond parfaitement à ma nature, j'étais fait pour lui. J'aime ce qu'il signifie en termes de prise de responsabilité : le gardien influe sur le résultat plus que tout autre. Sa part est prépondérante dans le dénouement. S'il fait un mauvais match, il est tout de suite plus difficile de gagner. Un bon, et tout cela semble plus simple, car le gardien donne un supplément de confiance à ses coéquipiers. Je serai toujours en recherche permanente de la perfection, essayer de m'en rapprocher le plus possible, de faire en sorte de prendre le moins de buts possible, d'arrêter chaque balle.

Avec le temps et l'enchaînement des années au plus haut niveau, et les bonnes performances, je savais que j'étais attendu mais j'ai aimé ça. Cela me poussait à me dépasser, à aller au plus profond de moi. Le gardien, il peut être le héros. Il peut aussi être montré du doigt. Tous les gardiens doivent aimer ce contraste, c'est ce qui nous fait avancer, travailler, réussir des choses qu'on n'imaginait pas. Il faut être un compétiteur pour avoir envie de faire gagner le match, et je suis un compétiteur. Il faut être capable de supporter la pression, d'être décisif et, la pression, elle me transcende. Dans les buts, tu ne peux pas te cacher. Tu es celui qui va empêcher de marquer, le seul concerné par toutes les actions défensives, contrairement au joueur de champ qui n'est pas impliqué sur toutes ; le gardien est seul, obligé de faire un travail sur lui, d'être fort dans sa tête pour passer outre les frustrations des buts encaissés. C'est pour ça que je l'adore, ce poste. Le plaisir quand tu sors d'un match en ayant le sentiment d'avoir contribué à la victoire... Le plaisir quand tu fais un arrêt et que tu hurles avec le public... C'est ça que j'aimais. Et je pense qu'au fond de moi, j'ai aimé aussi cette frustration, ce sentiment bizarre qui fait que quand tu sors d'un mauvais match cela me mettait dans un tel état de souffrance que cela obligeait à chercher en soi les moyens de réussir le match suivant et faire en sorte, à chaque fois, de repousser l'échéance d'un mauvais jour qui arrivera tôt ou tard.

Une famille de handballeurs

Avant d'être gardien, j'ai d'abord été handballeur, et même l'enfant d'une famille de handballeurs. Mes parents jouaient tous les deux, ma mère au niveau départemental, mon père en régional. Mes oncles ont joué aussi, mon frère jumeau Christian, et mon frère cadet Jean-François, etc. Mes parents ont toujours été derrière nous, ils nous ont toujours permis de vivre notre passion à fond. Quand on a signé à Sélestat, jusqu'à ce qu'on trouve une solution pour se faire héberger, ils faisaient 45 minutes de route, tous les jours, pour nous emmener, ils nous attendaient pendant l'entraînement, etc. Je me souviens aussi que mon père, quelques années avant les JO d'Atlanta, m'avait dit : « Pourquoi pas viser les Jeux ? » Il n'avait que deux olympiades d'avance !

Avec une telle famille, avec Christian, on a très vite été happé. Même si on jouait à un petit niveau, le handball c'était toute notre vie. On a pris notre première licence, à Cernay, là où on vivait, en Alsace, à 6 ans. Mon père a été notre premier entraîneur. Et quand on n'était pas au hand, on regardait le sport à la télé avec mes parents. Il n'y avait pas autant de chaînes, pas autant de sport diffusé, encore moins de hand, qu'aujourd'hui, mais quand on arrivait à en trouver, on regardait des matchs de Bundesliga à la télé allemande, ou les sports d'hiver et, tous les dimanches soir, une émission qui faisait un récapitulatif du week-end. On enchaînait Stade 2 puis la télé allemande. Je ne comprenais rien ! Mon père, oui, il est alsacien. Ma mère, elle, est d'origine italienne, mes grands-parents sont nés là-bas. Je suis donc devenu rapidement un adepte des pâtes (ah les raviolis et les gnocchis faits maison de ma grand-mère !). En revanche, mon caractère est plus lié à mes origines alsaciennes, exigeant, je ne supporte pas que les choses ne soient pas bien faites, je n'aime pas être en retard, etc. Ma grand-mère paternelle est devenue une de mes premières fans en se mettant à regarder tous les matchs et à suivre les résultats.

Comme nous étions jumeaux, nos parents tenaient à ce qu'on grandisse un minimum chacun de notre côté, alors, en primaire, nous n'étions pas dans la même école, mais, en sport, on fonctionnait à deux. On a touché à tout, la gym, le judo, le tennis, la natation. Je me souviens d'un stage de badminton, avec un ancien pro lituanien qui nous avait appris plein de choses sur le déplacement. C'était le début des consoles de jeux vidéo, on avait une Nintendo, mais nous préférions jouer dehors. On retrouvait les voisins pour aller faire un foot dans un grand champ. On avait aussi un but de hand dans le jardin et un panneau de basket sous lequel on s'est fait des un-contre-un assez physiques ! Il y avait le tennis de table et le tennis aussi, où des raquettes ont pu être cassées. On n'a jamais aimé perdre, ni l'un, ni l'autre, c'était un peu du sport pour mes parents aussi ! Notre relation a toujours été très forte, mais on était déjà complètement en compétition. Inconsciemment, chacun devait avoir envie d'être meilleur que l'autre. Mon propre esprit de compétition s'est certainement forgé à ce moment-là là. On était toujours en opposition, en train de se jauger.

Mon premier grand souvenir de sport, c'était 1986, France-Brésil. Mon père avait enregistré le match, je l'ai regardé des dizaines de fois. La Coupe du monde, c'était rassemblement à la maison pour les matchs de l'équipe de France. Roland Garros, le Tour de France, le biathlon, le ski sur les chaînes allemandes, on regardait tout. Et puis, je fais partie de la génération qui a grandi avec Jordan, ce genre de légendes du sport qui te faisaient lever la nuit pour les voir jouer.

Le sport a toujours rythmé nos vies et cela m'a toujours passionné. Mon père entraînait l'équipe de ma mère, on allait au resto après les rencontres, parfois, ils faisaient à manger à la maison, c'était cool. Quand on allait voir jouer ma mère, à Thann, on attendait qu'une chose, la mi-temps et la fin du match, pour aller jouer sur le terrain ! Puis on restait pour regarder l'équipe première. Thann était en départemental, mais je trouvais le niveau exceptionnel !

À Cernay, on était une bande de copains avec notamment deux très bons amis, Sébastien et Frédéric, qui avaient un an de plus que nous. Mes parents et les leurs alternaient, on se retrouvait dans leurs voitures pour faire les déplacements, quels bons souvenirs ! Comme un an sur deux, on n'était pas dans la même catégorie, on disputait nos matchs et on restait pour regarder le leur. Puis on y retournait pour voir l'équipe une, on passait notre week-end à la salle à suivre tous les matchs des équipes. Encore aujourd'hui, en Alsace, il y a une vraie culture du hand même s'il manque une équipe de très haut niveau. Sélestat est en deuxième division mais, au début des années 1990, il y a eu trois clubs alsaciens en première division, Sélestat, Mulhouse et le Racing Strasbourg. C'est une région dans laquelle il y a toujours eu beaucoup de clubs, beaucoup de licenciés.

Je me souviens de déplacements dans des tout petits patelins, mais, pour nous, c'était long. Cela nous prenait bien 45 minutes de voiture à chaque fois ! Il y avait des équipes qui avaient la réputation d'être très fortes chez les jeunes, c'étaient des gros matchs, on était vraiment un petit club, on avait peur de se prendre des raclées. Aujourd'hui, il s'est développé, il est même monté jusqu'en troisième division mais, à l'époque, on avait même du mal à avoir assez de joueurs, on essayait de recruter à l'école !

Les Bleus sous les yeux

En 1989, je me souviens aussi très bien que l'équipe de France disputait le Championnat du monde B après être sortie du groupe C. Les meilleures équipes se retrouvaient, elles, pour le Championnat du monde A. Cette année-là, le Mondial B était organisé en France et les Bleus étaient venus à Mulhouse faire un tournoi de préparation. On était allé les voir au palais des sports, j'avais récolté les autographes de presque toute l'équipe, j'avais accroché le petit carton de match dans ma chambre, où étaient déjà affichés les posters individuels de tous les joueurs. C'était juste avant l'époque des Bronzés, c'était les débuts de Jackson Richardson, Philippe Gardent et tous les Barjots, Volle, Lathoud, Costantini, etc.

L'équipe de France, n'était encore qu'un rêve de gosse. En 1992, j'étais comme un fou devant la télé : les Jeux, c'était le seul moment où tu pouvais voir du hand ! Quand j'ai regardé les Bleus décrocher le bronze à Barcelone, c'était la folie. Quand tu es gamin, tu as envie d'en être. Tous les enfants du monde ont ce rêve d'être en équipe de France mais, faire les JO, ce n'est pas la même chose. À cette époque j'étais dingue des Jeux, je le suis toujours.

Le sport scolaire, mon frère et moi

Mon frère jouait arrière, il était l'atout offensif de l'équipe, il pouvait lui arriver de marquer une quinzaine de buts par match. Lui et moi, désormais gardien, on était un peu au-dessus. Mais on n'était jamais champion en jeunes, on tombait contre des équipes comme

Mulhouse qui avaient un gros vivier, et qui étaient plus fortes. On arrivait quand même à se faire plaisir, c'est ça le plus important. Enfin, c'est une façon de parler parce qu'on était vraiment très mauvais perdants tous les deux !

On a assez rapidement participé à des regroupements puis on a été sélectionnés en équipe départementale, fait des stages de détection dans l'équipe du Haut-Rhin. C'était énorme, pour nous, de retrouver des gars contre lesquels on jouait habituellement et de faire partie d'une sélection des meilleurs joueurs du département. Après, ça s'est enchaîné assez naturellement. À partir de 15-16 ans, on était surclassé. C'est là que nos deux potes sont partis à Mulhouse, le club phare du département. On voulait y aller aussi mais mon père a refusé. Nous, on pensait qu'il fallait signer là-bas pour progresser, parce que l'équipe première était d'un niveau plus élevé, mais il pensait qu'on serait mieux formé à Cernay. Il avait raison. Il m'a fait faire les bons choix. Ce qui m'a aidé à faire les bons de moi-même par la suite, sans brûler les étapes. D'ailleurs, ça ne s'est pas très bien passé pour Seb et Fred, ils sont revenus au bout d'un an. Le club de Cernay a créé un projet autour de nous quatre et on a été champion d'Alsace juniors. C'était mon premier titre.

Avant, il y avait eu l'entrée au lycée, qui a été déterminante. En arrivant en seconde, on a monté une équipe UNSS avec nos deux potes et quatre autres joueurs qu'on avait repérés dans la cour de récré, notamment Colin Van Ee, un ancien basketteur, parce qu'il était grand... Il fallait être minimum sept, on était huit... Mais bon, on l'avait montée juste pour s'éclater le mercredi. On n'avait pas trop idée de jusqu'où on pouvait aller, mais on savait que nos coéquipiers handballeurs étaient bons et, avec mon frère, on était parmi les meilleurs de notre génération dans le département.

Quand on est champion départemental, on est super contents. D'autant plus qu'on bat Altkirch, équipe dans laquelle on connaissait deux-trois joueurs. En finale régionale, on va jouer contre Sélestat, le meilleur club formateur de la région où l'on allait affronter une génération de joueurs qui deviendraient par la suite mes coéquipiers en sport-étude, puis des amis. Chez les jeunes, ce sont eux qui avaient les meilleurs résultats. On joue là-bas et on les bat. Je me souviens que je fais un bon match, que mon frère et mes potes marquent tous les buts à trois, qu'on ne joue que sur le côté gauche. Fred était sur le côté gauche, Seb arrière gauche et mon frère demi-centre. À droite, il fallait un gaucher et on n'en avait pas. Donc, on se qualifie pour le Championnat de France, pendant une semaine à Fréjus-Saint-Raphaël, sympa.

Des parents font le déplacement en tant qu'accompagnateurs et on demande à mon père de nous coacher, on gagne tous nos matchs mais on perd en finale.

C'est suite à cette aventure que l'entraîneur du sport-étude de Strasbourg appelle mon père pour qu'on passe les sélections. À partir du moment où tu arrives en sport-étude, tu as la possibilité de jouer à un haut niveau. Si je n'y étais pas admis, je ne suis pas sûr que tout se serait passé comme je vais vous le raconter. Sans cette équipe UNSS, peut-être que tout aurait été différent.

Lors de la première année en sport-étude, on avait réussi à faire partie de l'équipe pour les compétitions interrégionales. Mon frère a été pris direct, moi, non. J'ai été appelé plus tard parce qu'un gardien s'était blessé. En catégorie jeunes, je n'ai pas forcément été repéré. Sur le moment, c'est une vraie frustration, mais je m'en suis servi pour progresser.

En première, au lycée, j'ai participé au stage national numéro 2 qui était organisé tous les ans à Dijon. C'était un regroupement d'une cinquantaine de jeunes, répartis en trois groupes. Je n'étais d'ailleurs pas dans celui de mon frère. À la fin, on reçoit un bilan de compétences, avec un classement par poste. On était six gardiens, j'étais cinquième. Sachant que le sixième s'était blessé et qu'il n'avait pratiquement pas participé au stage, j'étais dégoûté. À la rentrée, j'en avais discuté avec l'entraîneur. Ils avaient voulu me mettre deuxième mais m'avaient finalement classé en cinquième position parce que je n'étais pas bon sur les tirs d'ailiers. Ils voulaient me faire comprendre que j'avais des lacunes et que je n'irai pas plus loin si je restais aussi faible sur ces tirs-là. C'était pour me piquer. Et ça a marché ! J'ai encore plus travaillé pour montrer que je pouvais largement arriver à progresser dans tous les secteurs de jeu, que je pouvais être tout aussi bon sur les tirs d'ailes.

Ensuite, je suis quand même repris, jusqu'au stage préparatoire au Tournoi franco-allemand, en juin. Mais ils ne me gardent pas parmi les 20 pour aller jouer contre l'Allemagne. J'étais énervé, vexé, écœuré. J'en ai pleuré. Tout le mois de juillet, tout le mois d'août, je me suis imposé un programme et j'ai travaillé tout seul. Dans le jardin de mes parents, on avait un but de hand où l'on faisait des tirs avec mon frère. Tous les jours, j'étais dans ce but. Tous les jours, je travaillais tout ce qui peut servir au poste de gardien de but, le déplacement, la souplesse, etc.

Je voulais leur prouver qu'ils s'étaient plantés. Et, surtout, j'étais déterminé parce que je pensais sincèrement qu'ils se trompaient. Disons que je n'avais pas le sentiment d'être moins bon que les autres, pas forcément meilleur mais pas moins bon. Je me formais à passer outre les échecs. Cette envie de me prouver que j'étais à la hauteur – et aux autres, aussi, certainement – m'a suivi toute ma carrière. Sans doute à cause de cette frustration de ne pas avoir été reconnu à ma juste valeur. Tout se construit. J'ai vécu quelques situations similaires qui ont mis mon mental à rude épreuve, très jeune, et qui ont aiguisé mon esprit de compétition. Je voulais réussir. Très vite, je connaissais mes stats. Je sortais d'un match, je savais exactement combien j'avais fait d'arrêts. Les échecs ne m'ont jamais fait m'apitoyer sur mon sort, j'en ai fait une source de motivation.

Militaire en survêtement

Même chose au Bataillon de Joinville. En 1995, je dois faire mon service militaire. Contingent 95-08. Au BJ, la priorité était donnée à l'équipe de France junior, mais il restait quelques places, alors ils ont organisé une journée de détection pour prendre les meilleurs. Du coup j'ai postulé. C'est Sylvain Nouet, l'entraîneur de l'équipe de France Espoirs, qui allait devenir l'entraîneur adjoint de Claude Onesta en équipe de France, qui était responsable du BJ.

On doit être une vingtaine à faire le stage. On fait tous les tests d'opposition, puis un match contre l'équipe de France junior avec Guillaume Gille, Semir Zuzo, Didier Dinard. En 15 minutes, je crois que je ne prends qu'un seul but. Mais je ne suis pas retenu. Même avec le recul, j'ai un peu de mal à comprendre. Mais je ne ressens pas de rancœur, et très certainement cela a encore davantage contribué à la réussite de ma carrière. Mentalement, j'arrivais à dépasser les échecs et je me relevais !

Là-dessus, Jean-Pierre Lepointe, adjoint de Daniel Costantini, qui vient d'être champion du monde, entraîneur de Dunkerque et responsable de la section militaire à Lille, me propose de faire mon service à la SSM (Section sportive militaire), un peu le BJ des recalés. Je me dis que, tant qu'à faire, je vais refaire ma première année en STAPS et faire les deux, enfin les trois puisque je joue aussi en club... Durant l'année, on dispute un match contre le BJ, et on gagne de sept buts. Sylvain Nouet, quand je l'ai retrouvé en équipe de France Espoirs puis en équipe de France A, je le lui ai souvent rappelé !

En 1995, j'ai donc fait mon service militaire à Lille. Du lundi au jeudi midi, j'étais là-bas puis on était libéré pour aller jouer en club. On assurait des gardes de temps en temps, mais ça allait, on était en survêtement toute la journée. Après, il y a eu la grève des trains et le plan Vigipirate, c'était quand même une année particulière. Toutes les casernes étant mobilisées, ils avaient rappelé des gens qui d'ailleurs ne comprenaient pas pourquoi on était en survêtement. Il a donc fallu se mettre en treillis ! Et puis le sergent-chef qui nous entraînait a été mobilisé, et on s'est retrouvés à jouer au tarot toute la journée... De toute façon, moi, en deuxième partie de saison, j'ai été beaucoup sollicité pour jouer et comme il y avait des matchs le mercredi, ça ne servait à rien que j'aille à Lille le lundi pour rentrer le mardi donc je n'y allais plus toutes les semaines.

Je fais aussi mes véritables débuts en club, à Sélestat, en 1994-1995. Un gardien est *out*, je fais mon premier déplacement en équipe première. Premier match à Bordeaux. Premier arrêt sur un penalty, face à l'ailier gauche, Olivier Bouquin. Je me souviens encore de la salle, de l'équipe, avec Patrick Bos dans les buts, Ciprian Besta, un Roumain qui avait joué à Strasbourg, Christophe Rouvier, etc.

Enfin, je suis appelé en équipe de France Espoirs, lors du premier rassemblement, par Sylvain Nouet. Je me retrouve avec Guillaume Gille, Yannick Reverdy, Semir Zuzo, mon colocataire de chambre la première année, Jérôme Fernandez, qui le deviendra dès la deuxième année puis jusqu'au bout. L'été 1996, on finit quatrièmes de l'Euro, le meilleur résultat d'une équipe de France jeunes. Le Danemark, est champion, avec un très bon gardien, Kasper Hvidt. C'est la génération 1976, avec d'excellents gardiens de but comme Venio Losert.

Champion olympique en 1996 avec la Croatie, à 20 ans, le voilà qui dispute l'Euro des jeunes un mois après.

Jeu d'échecs et réussite

À cette époque-là, si je passe de Cernay à Sélestat, c'est pour progresser parce que, au fond de moi, j'étais déterminé à m'imposer en première division. C'était mon premier objectif, devenir professionnel, ce qui à l'époque signifiait plutôt jouer en première division car le handball n'avait pas encore sa ligue professionnelle et certains joueurs cumulaient travail et handball. C'est après la section sport-étude que mon frère et moi sommes contactés par les trois grands clubs de la région, le Racing et la Robertsau à Strasbourg et Sélestat. On prend l'option Sélestat qui évoluait en D1, comme le Racing alors que la Robertsau était en D2. On était Espoirs mais intégrés dans l'effectif pro. Même si on ne jouait pas beaucoup – moi, j'étais troisième gardien –, on s'entraînait tous les jours avec eux, c'était comme si on était en D1. Je voyais bien la différence de niveau. D'autant que la saison commence par la préparation physique. Mais on s'en sort bien, on est parmi les premiers. On aidait les anciens, on les prenait avec nous : « Allez, accroche-toi ! » Dans la vie de groupe, on se sentait à notre place. On a toujours eu, avec mon frère, cette capacité à s'adapter très vite. Il y a des joueurs qui atteignent leur meilleur niveau et ne progressent plus ; nous, on a réussi à s'ajuster à l'étage du dessus. Moi, ce que je voulais, c'était me mesurer chaque fois à du plus haut niveau, grandir, franchir les étapes une à une. Ce que je ferai durant toute ma carrière. C'était une ambition raisonnable, marche après marche. Jamais je ne me suis dit : « Je veux devenir champion olympique », je ne raisonnais pas comme ça, cela faisait davantage partie du domaine du rêve. J'ai franchi les paliers sans soubresauts, en me fixant de nouveaux objectifs.

Je le comprendrai plus tard mais en France, il est plus difficile de s'affirmer au poste de gardien qu'ailleurs. Encore aujourd'hui, on estime que cela demande une forme de maturité. J'ai été chanceux. C'est sûrement parce que je le désirais et que j'étais au niveau que j'ai pu jouer très jeune. À 18 ans, je dispute donc mes premiers matchs en première division, à 19 ans, je joue une demi-saison puis je deviens gardien titulaire au moment de descendre en deuxième division. De 1997 à 2000, j'ai eu énormément de temps de jeu et c'est un poste où il est indispensable de jouer, où il faut être confronté à tout un tas de situations pour pouvoir se construire. Aujourd'hui, on ne voit pas, ou rarement, un gardien titulaire à 19 ans. C'était un peu un concours de circonstances, l'équipe descend d'un cran et le gardien titulaire s'en va. Mais la politique de Sélestat, qui n'avait pas beaucoup de moyens, a toujours été de beaucoup miser sur la formation. Le club avait décidé de parier sur moi. Yannick Boulanghien, de six ans mon aîné, qui venait de première division, avait quand même été recruté mais j'ai su saisir ma chance. Cela me paraissait naturel, ce n'était pas une question d'âge. Et ça, je le répéterai de la même façon à 40 ans, sur la fin de ma carrière : ce n'est pas une question d'âge, c'est une question de performance, de niveau, de ce que tu peux apporter à l'équipe

CHAPITRE 2

LA DÉCOUVERTE DU TRÈS HAUT NIVEAU

Il y avait cinq ans que Sélestat était en D1. Et une descente, c'est une expérience de vie. Une expérience difficile. Cela crée des tensions, des frustrations, tu vois des joueurs en pleurs. Moi, j'avais 19 ans, j'arrivais dans l'équipe, et il me reste encore des souvenirs du vestiaire après le match à Chambéry qui a scellé notre sort, c'était dur à vivre. Même si tout le monde était préparé à descendre, cela faisait un moment qu'on savait que même si mathématiquement ce n'était pas acté ce serait compliqué de s'accrocher à la D1. Le moment où tu sais que c'est fini, cela met un gros coup derrière la tête.

Le parfum du gratin du handball

Cette saison-là, je joue quelques matchs aller, notamment contre l'OM Vitrolles. On me prévient dans l'après-midi que le gardien est absent. Énorme. L'OM-Vitrolles, c'est Jackson Richardson, Frédéric Volle, Philippe Gardent, Thierry Perreux, c'est pratiquement l'équipe de France ! D'ailleurs, ils sont champions à la fin de saison. Bon, ils n'étaient pas tous là – Jackson et d'autres sont absents, pour blessures ou sont mis au repos, je ne sais plus.

La salle de Sélestat était un bon petit chaudron, il devait y avoir 1 000 places assises, mais 2 000 personnes à l'intérieur ! Tout le monde se serrait, il y avait des gens partout, jusqu'au bord du terrain. Jouer ces matchs-là, c'était impressionnant. L'année précédente on était allé les voir, on bataillait pour trouver des places alors, se retrouver sur le terrain, contre l'OM, c'était incroyable.

Le numéro 2, Serge Schmutz fait une bonne partie, j'entre juste sur un penalty que j'arrête, puis il est moins bon et je rentre pour les 10 dernières minutes. Je fais trois arrêts dont un sur Thierry Perreux, l'ailier de l'équipe de France. Et puis, à 24-24, à 10 secondes de la fin, Laurent Munier, champion du monde, arrive pour un penalty. Moi, ce n'est pas mon premier match, mais presque. Il se positionne en face et... je ne l'arrête pas ! Dommage, l'histoire aurait pu être belle ! Mais non, il tire et il marque entre les jambes (mon point faible d'ailleurs d'après certains joueurs...).

En deuxième partie de saison, le coach me met numéro 2. J'entre dans beaucoup de matchs, notamment sur les penaltys, dont je deviens un spécialiste. J'en arrête quelques-uns tirés par Stéphane Stoecklin, l'un des Barjots, Zlatko Saračević, l'arrière droit de la Croatie championne olympique en 1996. Lui, il m'en avait mis deux en bas à gauche et tente de me mettre le troisième au même endroit et je le sors. Je ne me rappelle plus si c'est parti de là mais par la suite, dans ma carrière je me suis toujours refusé de prendre trois buts d'affilée du même joueur au même endroit. Il pouvait marquer où il voulait mais pas là. Aujourd'hui je peux le révéler, ma carrière est derrière moi. Ces joueurs me faisaient rêver mais j'avais déjà l'ambition de me frotter à eux, aux meilleurs. C'était extraordinaire, je le savais, mais c'était là où je voulais être. Et je ne me satisfaisais pas de ce que je faisais. Stopper des penaltys face à ces joueurs-là, c'est bien, mais ce que je voulais, d'abord, c'était gagner du temps de jeu et m'améliorer match après match.

Adieu Sélestat, il est temps de partir

Les années 1997 à 2000 ont été super importantes dans mon évolution, mon développement. Ce sont celles où je me suis affirmé. Peu à peu, je fais partie des meilleurs gardiens du championnat. En 1999-2000, je suis élu meilleur gardien. Ce sera ma dernière année en Alsace. Je m'y sentais bien. Avec mon frère, je commençais à jouer en D1, je ne voyais pas l'intérêt de partir pour un club qui avait les mêmes objectifs. Mais, lors de la saison 1998-1999, à mi-parcours, Patrice Canayer, l'entraîneur de Montpellier, m'appelle pour me dire qu'il aimerait me recruter. C'était en milieu de semaine. Le week-end, je fais un match énorme contre Bordeaux. J'étais euphorique ! Alors que ce n'était rien, juste un coup de fil, mais Montpellier, c'était le champion de France, la Ligue des champions...

Mes anciens partenaires de l'équipe de France Espoirs Jérôme Fernandez et Didier Dinart jouaient là-bas. Guillaume Gille évoluait aussi en première division, à Chambéry. J'étais bien à Sélestat mais j'avais plus d'ambition. Il n'y a pas beaucoup d'hésitation au moment d'accepter. Je voulais bien sûr en parler avec mon frère, parce que cela signifiait nous séparer pour la première fois, mais quand le club champion de France t'appelle, le choix est vite fait ! Pour moi c'était un nouveau challenge, j'avais conscience que j'allais me retrouver en concurrence. Mais, si tout ce que tu souhaites est d'être dans une équipe qui joue des titres et que le meilleur club français de l'époque t'appelle, celui que tu voyais jouer à la télé, celui qui dispute la Ligue des champions, tu ne réfléchis pas longtemps !

Cette saison-là, avec Sélestat, on finit cinquième, soit le meilleur résultat de l'histoire du club, à deux points de la troisième place. On bat de bonnes équipes – ce groupe et plus particulièrement ce club, dans son histoire, avait toujours eu une capacité étonnante à se transcender et se mettre au niveau des équipes contre lesquelles il jouait. On est même à la lutte pour les places européennes. Je suis très content de partir sur cette note-là, on bat également Chambéry qui était à la lutte avec Montpellier pour le titre. Pour moi, c'est une page qui se tourne, mais je suis prêt.

Descente et envol vers Montpellier

À Montpellier, entre les Puigségur, Golic, Burdet, Anquetil, Fernandez, Dinart qui sont alors internationaux et quelques autres joueurs, je connais presque tout le monde. Cela a facilité mon intégration, d'autant que, sur la préparation de début de saison, je ne suis pas avec l'équipe, car je suis pris pour faire la préparation olympique avec l'équipe de France. Je la rejoindrai en cours de préparation suite à ma non-sélection pour les JO de Sydney.

Je me suis vite intégré aux anciens qui étaient là depuis une dizaine d'années. Avec eux, il y a tout de suite eu une connexion puis un échange constant. Sur le terrain, les débuts ont été un peu plus compliqués. Dans l'esprit de Patrice Canayer, c'était Bruno Martini le numéro 1. En tout cas, c'est comme ça que je l'ai ressenti. On s'entendait vraiment très bien et il était bon, ce n'était pas le problème. Bruno était très expérimenté, champion du monde, il arrivait avec un autre statut que le mien. Il était capable de faire la différence et notamment quand les matchs devenaient chauds, dans les *money time*. On a toujours eu une très bonne relation, il y avait beaucoup de respect entre nous. Entre gardiens d'une même équipe, il est plutôt question d'émulation que de concurrence, on est toujours en train de se tirer vers le haut. Forcément, il y a de la concurrence parce qu'on veut tous jouer mais, autant au foot le gardien est indéboulonnable, autant au hand, cela peut changer de matchs en matchs, ou même au cours du même match.

Avec Bruno, on a six ans d'écart. À ce moment-là cela faisait une grosse différence. Même quand j'ai été champion du monde, l'expérience, c'était lui. D'autant qu'à ce poste-là, on n'arrive pas à maturité avant 28 ans. J'étais le jeune gardien et j'avais l'impression que l'âge me desservait. Mais, même si je venais d'un club où je faisais quasiment 60 minutes par match, j'étais conscient que j'arrivais dans une nouvelle équipe, qu'il fallait que je gagne ma place. J'avais l'impression de partir de plus loin, du moins dans l'esprit de Didier Marcy, l'entraîneur adjoint qui s'occupait des gardiens. Ce que je comprenais. Il avait de l'expérience, mais j'avais envie de jouer davantage. Parfois, on ne comprenait pas trop le système de rotation. Lui comme moi. Ce n'était pas toujours évident, surtout quand les matchs s'enchaînent et que tu en fais plusieurs de suite où tu ne rentres pas ou que très peu. Mais j'ai aussi appris que je pouvais être utile même si je ne jouais que quelques minutes, voire si je ne rentrais que sur des penaltys. Je me rappelle des fois ou Patrice nous disait : « Même si tu n'as joué que 10 minutes, je suis très content de ton match. Toi, tu es frustré mais, moi, pendant ces 10 minutes, j'ai eu ce que j'attendais de toi, il n'y a pas de souci. » Il avait d'ailleurs un système de notation avec des étoiles dans lequel tu pouvais en compter cinq en ne jouant que cinq minutes.

À tous les entraînements, je suis à fond. Tout ce que je veux, c'est prouver toute la semaine que c'est moi qui dois jouer le week-end. Avec Bruno, on a fait trois ans ensemble et, peu à peu, j'ai réussi à montrer qu'on pouvait me faire confiance autant qu'à lui.

À Montpellier, j'arrive dans un autre monde. D'où je viens, la moitié des joueurs travaillent la journée, là, je suis face à des pros, je baigne dans la culture de la gagne. Elle se sent partout, tout le temps. À l'entraînement, on est à 100 %, dans la recherche perpétuelle de précision. Après les victoires, je vois des joueurs échanger sur ce qui n'allait pas alors qu'ils ont gagné. C'est là-bas que j'ai appris que même quand on gagne, il y a des choses à améliorer, qu'une victoire ne suffit pas pour en enchaîner d'autres, que si l'on attend de perdre pour se remettre en question, il est trop tard. D'ailleurs, victoire ou défaite, après chaque match, Patrice faisait un retour sans détours. « Toi, t'as été bon, toi t'as été bon, toi tu n'as pas été bon, j'attends plus, tu dois faire mieux. » À la fin de la saison, on avait un classement à partir de ses notes. C'était une autre forme de stats !

L'exigence, on l'a aussi ressentie quand on est rentré avec la médaille de champion du monde, en 2001. On nous a évidemment félicités, c'était parfait, mais, très vite, on nous a rappelé les objectifs du club. Patrice l'a toujours fait. Il appréciait ce qu'on faisait en équipe de France, bien sûr, il préférait que ses internationaux reviennent avec une médaille d'or plutôt qu'en argent, parce que ça a un impact sur son équipe.

Fiesta contre Pampelune

Pour ce match, la salle de Bougnol est pleine à craquer. Mes frères, mes amis de Cernay, Hervé, un ami qui suivra beaucoup de mes matchs, et Sébastien sont venus. En quart et en demi, on avait gagné de neuf et six buts, chez nous, on était capable de battre des équipes de huit à dix buts, et là, certes oui, c'était Pampelune, mais c'était possible. Nous avions perdu à l'aller, il fallait rattraper un retard de huit buts.

On est remonté comme jamais. Dès le début, on joue dur, on veut les impressionner, on veut leur montrer que, pendant 60 minutes, ça va être un combat.

J'entre très bien dans la partie, je termine à 20 arrêts, je fais un très bon match. De toute façon, ce jour-là, il fallait être très bon, tous, pas seulement un ou deux joueurs, tout le monde devait être au-dessus de la moyenne. On se l'était dit. Celui qui entre sur le terrain, que ce soit pour cinq ou 60 minutes, il doit apporter quelque chose. On l'emporte de 12 buts. Dans Bougnol, c'est la folie. Dans l'équipe aussi. C'est notre premier titre en Ligue des champions, et puis, quand tu retournes un match, comme ça, c'est un sentiment indescriptible... D'autant que personne ne croyait en nous. J'explose, je vis le truc à fond. On se saute dessus, tout le monde court partout, on se prend dans les bras. Toute la pression retombe, la tension du match, la tension de la semaine. Je suis là à trépigner en attendant d'avoir le droit de monter sur le podium ! C'est génial de vivre ce moment-là à Bougnol. Puis on va sur la place de la Comédie, on monte au balcon de l'hôtel de ville, on regarde en bas : il y avait peut-être 8 000 personnes. Au départ on devait partir directement en mise au vert, mais finalement on a quartier libre jusqu'au lendemain matin pour le départ vers Chambéry. Bon, on n'a pas beaucoup dormi ! Ça se fête, quand même, ce genre de victoire ! Réaliser un tel retournement de situation a eu une grosse influence sur nous.

C'est le titre majeur de mes années à Montpellier. Pour tout ce qu'il représente. C'est un des plus grands exploits du sport français en club. À l'époque, en France, on ne gagnait pas ou peu. Il y avait eu Limoges en basket et l'OM en foot en 1993, mais, derrière, plus grand-chose. Dès la semaine suivante, on arrive à Chambéry. Il faut s'y remettre. On gagne 25-27. C'est pour le titre de champion de France et, pour moi, on ne peut pas gagner la Ligue des champions et ne pas être champion dans son pays. Et puis je voulais tout gagner, toujours. Toutes les années où j'ai remporté le titre européen, j'ai aussi remporté le titre national. Ça démontre la mentalité d'une équipe, la philosophie d'un club, également la capacité à mener de front plusieurs objectifs à la fois.

Montpellier-Kiel, mon cœur balance

En 2006, je suis en contrat pour encore trois saisons à Montpellier. Ce que je ne sais pas c'est que durant le Championnat d'Europe remporté avec l'équipe de France en janvier, le coach de Kiel, Zvonimir « Noka » Serdarušić, est dans le public. Il voit ma demi-finale contre la Croatie, ma finale contre l'Espagne où, pendant 15 minutes, je ne prends pas un but. La saison se passe, et Kiel se dit qu'il lui faut un nouveau gardien. Ils hésitent entre deux options : signer un Tchèque, qui évolue déjà en Bundesliga, ou me faire venir. Ils m'appellent en fin de saison. Kiel fait une première proposition, suite au refus de Montpellier, il se décide à racheter le contrat. Après, c'est à moi de voir. Ça n'a pas été une décision facile à prendre. J'étais très bien à Montpellier. Ma fille y était née, j'avais ma maison, plein d'amis, j'étais un joueur cadre, Patrice Canayer voulait même me nommer capitaine, et, avec le public, c'était top. Un ou deux ans avant, j'avais eu la possibilité de signer à Gummersbach, où jouaient Cédric Burdet et Daniel Narcisse, mais je n'avais pas envie de quitter le MHB, je sentais que j'avais encore des choses à faire avant de tenter une aventure en Allemagne. Je ne me sentais pas forcément prêt. D'un autre côté, je me dis que si je ratais l'opportunité d'aller à Kiel, je ne partirai plus jamais. J'étais là depuis six ans, j'avais envie de franchir cette nouvelle étape, de tenter cette aventure. Je pense que partir à Kiel a été la meilleure décision que j'ai prise. Je n'aurai certainement pas eu le parcours que j'ai eu si je n'étais pas allé dans ce club-là, à ce moment-là.

En 2013, après ma période allemande, je reviens naturellement à Montpellier. J'y retrouve quelques anciens coéquipiers avec qui j'avais évolué avant de partir à Kiel comme Michaël Guigou ou William Accambray notamment. Je retrouve également Vid Kavtičnik avec qui j'ai évolué trois ans à Kiel. Au début, ça me faisait bizarre d'échanger en français avec lui et on parlait aussi l'allemand pour que je puisse continuer à le pratiquer.

La saison ne commence pas au mieux avec l'élimination contre les Polonais de Plock au tour qualificatif de la Ligue des champions, de plus, nous ne partons pas au Trophée des champions où est envoyée l'équipe réserve. Cela restera une saison particulière pour moi car je connaîtrai ma plus grave blessure et la seule qui m'aura éloigné des terrains pour une longue période. Je me fais une rupture du tendon du biceps brachial au bout de cinq matchs de championnat et je suis *out* pour trois mois. Sur le coup je suis au fond du trou et j'ai vraiment du mal à encaisser. On est distancé en championnat et je vois l'Euro 2014 s'éloigner. Je réussirai pourtant cette course contre la montre et on gagnera la médaille d'or au Championnat d'Europe.

À mon retour, on est immédiatement happé par le Final Four de la Coupe de la Ligue que nous allons remporter. Quelques jours après une finale de l'Euro, ça n'a pas forcément la même valeur mais cela vient récompenser le travail d'un groupe qui n'a jamais rien lâché. Je suis content de pouvoir apporter ma pierre à l'édifice et de contribuer pleinement à ce titre après une première partie de saison tronquée par ma blessure. On nous retire deux points en championnat et on peut dire adieu à la course au titre où nous pouvions encore avoir une infime chance.

En Coupe de l'EHF, nous faisons un très bon parcours et notamment un aller-retour en quart de finale contre Nantes qui nous permettra de disputer le Final Four de cette compétition à Berlin. Au match aller c'est très accroché mais au retour on l'emportera facilement à domicile. La demi contre les Roumains de Constanta à Berlin se passe bien et nous atteignons la finale où on s'inclinera contre les Hongrois de Szeged.

Pour ma part, j'ai déjà pris la décision de quitter Montpellier pour Paris, et après quelque temps de négociations, mon départ est acté. Je pars mais je n'oublie pas tout ce que j'ai vécu dans ce club. Montpellier a contribué à me faire grandir, évoluer et atteindre le plus haut niveau.

CHAPITRE 3

JE SUIS UN *KIELER*

Pour la reconnaissance, l'exposition, les titres gagnés, le fait de réussir dans le plus grand club étranger, de m'imposer face à deux monstres, Henning Fritz et Mattias Andersson, qui ont marqué l'histoire de notre sport, mon expérience sportive à Kiel en Allemagne a été la plus riche et la plus profitable de ma carrière. À Montpellier, j'avais marqué un essai, à Kiel, je l'ai transformé.

Vingt et un titres en sept ans

Le fait de réussir à l'étranger dans un club historique au palmarès impressionnant m'a donné le sentiment d'avoir pris une autre dimension. À Montpellier, j'étais en pleine ascension, là, je dois à nouveau faire mes preuves. Kiel m'a recruté pour gagner la Ligue des champions. Ce club est une institution, mais il ne l'a jamais décrochée. Avec Nikola Karabatic et Lars Krogh Jeppesen, un Danois, on est les seuls à l'avoir remportée. Quand je signe, je sais qu'on va être trois gardiens, dont Henning Fritz, le gardien de l'équipe d'Allemagne. Mais c'est Kiel, un club ambitieux et nous jouons la Bundesliga, le championnat qui me fait rêver depuis tout petit, alors... j'y vais quand même. La concurrence, ou plutôt l'émulation, ne m'a jamais fait peur. Elle m'a même plutôt poussé à me surpasser, également à me remettre en question match après match. Car ce que j'aimais avant tout c'était jouer. Je ne voulais jamais sortir du terrain. La recherche permanente d'exister au plus haut niveau était mon moteur. Je cherchais aussi avant tout la régularité dans l'enchaînement des performances qui fait les très grands gardiens. Je voulais être le meilleur et gagner la reconnaissance de mes pairs. Tout cela était certainement dû aux différentes frustrations que j'avais ressenties au début de ma carrière quand je n'avais pas été sélectionné en équipe nationale jeune.

Mais ce n'est pas simple. Trois gardiens, une nouvelle équipe, une nouvelle langue, même si j'ai quelques notions. Je prends des cours et en trois-quatre mois, j'arrive à m'en sortir et à parler allemand. Et puis je sors de très bonnes saisons avec Montpellier, je suis persuadé que je suis capable de m'imposer et d'être dans la continuité. Mais ça ne se produit pas tout de suite sur le terrain, je sais que je peux faire mieux que ce que je montre dans les matchs de préparation. Je me rappelle d'ailleurs avoir échangé avec certains joueurs pour leur dire : « Je peux faire beaucoup plus. »

Le premier match officiel, en Supercoupe d'Allemagne, ne se passe pas bien. On joue tous les trois, et je ne suis pas bon. Pour le premier match de championnat, je joue 60 minutes mais on fait match nul contre Großwallstadt, une équipe de milieu de tableau, mais qui avait tendance à toujours bien débuter ses saisons.

Par la suite, chaque fois que j'entrais sur le terrain pour un match, étant donné que je me sentais bien dans le club, dans l'équipe, dans la salle, j'avais le sentiment de pouvoir être super fort. Je me sentais à ma place. J'étais dans l'équipe dans laquelle je voulais être. On atteindra quatre finales de Ligue des champions d'affilée, cinq en sept ans, et on en remportera trois. J'ai remporté 21 titres avec Kiel. On a tout gagné. Nous avons dominé l'Europe, et cette période correspond aux années où l'équipe de France également gagnait tout. Je me suis senti au summum de ce que je pouvais apporter, au summum de l'effet que peut produire un gardien de but sur la prestation d'une équipe. J'y ai découvert mon côté extraverti. Je réussis des arrêts après lesquels je fais lever les spectateurs avec mes moulinets des bras. Le public, moi, ça m'aidait et, à Kiel, les gens vivent pour le club. Il y a 200 000 habitants et il n'y a que ça qui compte. Le club de hand est un monument. La Sparkassen-Arena, la mythique Ostseehalle à mes débuts, est en plein centre-ville, tu te promènes dans la rue, tout le monde te connaît, te fait des sourires. Tu sens beaucoup de respect et tu sens que tu fais partie de leur vie. Les gens sont habitués à côtoyer les joueurs au quotidien.

En arrivant au club, il faut donner son surnom, pour les supporters. Moi, c'était Titi, puisque c'est le diminutif que l'on m'a donné au hand. Et pendant les matchs, le speaker crie : « Parade de Thierry... » et le public répond : « Omeyer ! Hey, Titi, hey ! » J'en garde un souvenir incroyable. Notamment une fois. À l'époque, quand le gardien sortait du terrain, le joueur qui entrait dans le champ à sa place devait enfiler une chasuble. Balingen, une équipe de bas de tableau, faisait toujours ça. Ils le font contre nous et tout le public commence à scander : « Titi, Titi, Titi » parce qu'il voulait que je marque également un but. Moi, j'étais chaud bouillant. J'étais à la limite de dire à mes joueurs : « Laissez tirer, de toute façon je vais l'arrêter, je veux marquer mon but ! » et… ma première tentative passe juste à côté. Le public fait : « Oooooooh ! » La deuxième fois, je marque. Tout le monde était debout.

J'adore jouer devant des salles pleines et, à Kiel, c'était tout le temps plein. Chez nous, il était très difficile de nous battre. C'est une salle mythique en Allemagne, avec 10 000 abonnés. Un peu sur le même modèle qu'à Barcelone avec les *socios*, ils achètent leur siège et se le transmettent de génération en génération. Du coup, c'est un public de connaisseurs, qui encourage beaucoup. Le premier match là-bas, ça fait quelque chose. J'avais déjà pu le mesurer pendant la préparation. On avait joué dans une salle de 3 000 personnes, à 20 minutes de Kiel, et c'était plein. 3 000 personnes pour un match amical contre une équipe de troisième ou quatrième division… Jouer devant 10 000 personnes m'a donné encore plus envie de vivre le match avec le public. J'avais commencé à le faire à Montpellier. Il fallait que je montre plus de présence les jours où j'y étais un peu moins, que j'essaie d'apporter quelque chose de différent à l'équipe. Quand tu es dans tes buts, tu peux faire plein d'autres choses que des arrêts et ça te permet de rester dans ton match. À partir de là, j'ai voulu communiquer davantage avec mes défenseurs, mais aussi manifester plus clairement ma joie quand je faisais des arrêts, me joindre à l'euphorie du public pour vibrer avec lui. J'avais pu le faire à Sélestat mais par à-coups. C'est devenu de plus en plus naturel à chaque match et ça s'est intensifié à Kiel. Devant 10 000 personnes, tu as l'impression de vivre un grand match même quand tu joues un promu. C'est un show, les gens viennent faire la fête, mais, même quand tu gagnes de 10 buts, ils veulent du spectacle jusqu'à la fin. Et, moi, j'ai toujours été à fond de la première à la 60e minute. Je me souviens d'un match où l'on mène 19-8 à la mi-temps, et qu'on ne gagne que de quatre buts. Je suis allé voir le capitaine, Stefan Lövgren, un monstre du hand suédois, qui a joué 10 ans à Kiel, pour lui dire qu'il n'était pas possible de faire une deuxième mi-temps comme ça, où tout le monde se relâche, que ce n'était pas comme ça qu'on gagnerait la Ligue des champions !

C'est peut-être parce que j'étais gardien et que je ne supportais pas de prendre de but. Peut-être que, quand tu es joueur de champ, ça te laisse un peu plus indifférent. Le gardien, lui, est toujours concerné, je ne supportais pas de finir un match en ayant pris plein de buts dans les 10 dernières minutes sous prétexte que le score est acquis. Je voulais sortir en ayant le sentiment d'avoir fait un bon match, jusqu'au bout. Si je pouvais faire trois, quatre, cinq arrêts de plus, je voulais les faire. Les gens disent : « Ouais, tu sais toujours où tu en es. » Mais, forcément ! Au poste de gardien les statistiques sont importantes même si certains arrêts comptent plus que d'autres. En sortant d'un match, je savais toujours à peu de chose près combien j'avais fait d'arrêts. On me branchait d'ailleurs souvent là-dessus. Ça s'est un peu estompé sur la fin de ma carrière. Pour moi cela a rapidement été important de pouvoir enchaîner les performances et de montrer une certaine régularité. C'est ça qui fait la différence. Cette capacité à se remettre en cause en permanence. D'autant que, avec l'ambiance, je pouvais me mettre dans les meilleures conditions pour être au top. À chaque fois que j'entrais sur le terrain, j'avais des frissons et ma motivation décuplait. Et je ne parle même pas des matchs où c'est encore l'échelon au-dessus, contre Barcelone, par exemple. Le plus grand club de l'histoire du championnat espagnol contre le plus grand club de l'histoire du championnat allemand, ça donnait un truc incroyable.

Tout pour l'attaque

Il a fallu que je m'adapte à un nouveau style de défense, une 6-0 très à plat où les défenseurs jouaient principalement le contre et allaient moins au contact. Je prenais beaucoup de tirs et j'adorais ça. Quand, pendant trois à quatre minutes, on n'a pas un tir parce que ça défend bien, rester dans le match est plus dur que quand on est toujours sollicité. C'était un style qui était également résolument tourné vers l'attaque, rapide, dans l'idée de marquer le plus de buts possible. Je devenais le premier attaquant, après un arrêt ou un but encaissé.

À Kiel, très vite, Noka le coach, m'a dit : « Que tu prennes un but parce que c'est de ta faute, ou la faute de ta défense, ça m'est égal. Ce que je veux, c'est que tu récupères la balle et que tu relances. Vite. » Il n'était pas question que je psychote 10 ans à chaque but encaissé, il voulait garder de la fluidité dans le jeu. C'est un jeu qui me convient parfaitement. Toujours à fond, ça joue vite, on marque des buts. Même quand je faisais une parade, aller vite chercher le ballon pour relancer, j'adorais ça. J'adorais les relances directes. Le coach voulait qu'on prenne le plus de risques possible alors, parfois, je cherchais des passes très difficiles pour les ailiers qui avaient anticipé. Si certains entraîneurs préfèrent casser le rythme, prendre le moins de buts possible, le nôtre voulait qu'on en marque le plus possible. J'en ai fait une de mes forces. Du coup, quand j'arrivais en équipe de France, où notre marque de fabrique a plutôt été la défense, parce que c'est comme ça que tu gagnes une compétition, il fallait que je me calme un peu sur les relances ! D'ailleurs, avec Niko, quand on est arrivé en Allemagne, on a quand même essayé de leur inculquer que la défense est importante et notamment qu'il fallait y mettre un peu d'agressivité.

En revanche, à mes débuts à Kiel, j'ai été très surpris par l'entraînement. On n'était pas à fond. C'était beaucoup de tactique et peu d'engagement. Après Montpellier, ça m'a fait bizarre. On avait l'habitude d'aller toujours au charbon et là c'était moins ça. J'ai réalisé qu'on disputait beaucoup plus de matchs (il y a 18 clubs dans le championnat allemand contre 14 en France), et des matchs durs tout le temps, alors il faut doser ce que l'on met à l'entraînement pour pouvoir encaisser la quantité.

Allemagne, terre de handball

Une des particularités en Allemagne est de jouer pendant les périodes de Noël et de fin d'année. Chaque match est vraiment une fête. Il y a une autre ambiance, une sorte de magie, une euphorie dans le public. Et des choses peuvent se passer, on a payé pour voir ! Un 23 décembre, on est allé perdre contre un promu, ça aurait presque pu nous coûter le titre de champion ! À Balingen, ils ont parlé du « miracle de Noël ».

En 2007, on a quatre matchs autour des fêtes. Je sors de très bons matchs. Le 20 décembre, on perd à

Magdebourg, un club important de Bundesliga devant un public de 8 000 personnes et dans une très grosse ambiance. Un club déjà titré en championnat et en Ligue des champions. L'année d'avant, Kiel les avait battus 54-34 et c'était la première fois que les deux clubs se retrouvaient. On mène de deux buts à la mi-temps, mais on prend l'eau en seconde période, on encaisse un 23-6, on perd 39-24. Je m'en souviens bien, ça marque des matchs comme ça ! Mais on n'a pas le temps de se prendre la tête, trois jours après on reçoit Flensbourg, notre rival. Kiel-Flensbourg, c'est le derby du nord, il y a 70 kilomètres entre les deux villes. Quand Kiel a été champion, l'année d'avant, un tee-shirt a été produit, pour fêter le titre, où il était écrit « 12-1 ». Douze pour le nombre de titres de Kiel, 1 celui de Flensbourg. Ça donne une idée de la rivalité ! À Magdebourg, je n'avais joué que la première mi-temps, la deuxième, on l'avait faite tous les trois, et on n'avait pas été bons. Là, c'est moi qui joue, ça se passe bien, on gagne. Après cette série, je dois rejoindre l'équipe de France pour les Championnats du monde qui se déroulent en Allemagne. Allemagne dont le gardien, Henning Fritz, joue à Kiel. Enfin, il ne joue quasiment plus, d'ailleurs.

Après le Mondial de 2007 en Allemagne, je rentre à Kiel. Dans un journal, il y a un papier sur Henning Fritz titré : « Le héros de toute l'Allemagne sauf de

Kiel. » Les gens ne comprenaient pas qu'il ne joue pas, il venait de gagner le Championnat du monde avec l'équipe nationale à domicile. Dans toutes les salles où on allait, les champions du monde sont fêtés. Ils sortent un film du genre *les Yeux dans les Bleus* au cinéma et comme il y a trois internationaux à Kiel, on est obligé d'aller à l'avant-première. Le calice jusqu'à la lie ! Dans les interviews, on me demande comment est Henning, pourquoi ce n'est pas lui qui joue. Avec Henning, on s'entendait très bien. Il a toujours tout fait pour l'équipe, même quand il ne jouait pas. Blessé lors de la finale du Mondial, il ne joue pratiquement pas toute la fin de saison, et signera ensuite dans le club des Rhein Neckar Löwen. Rapidement j'enchaîne les bonnes performances, l'équipe est en course sur tous les tableaux.

Il faut dire que le coach savait me parler ! Après le Mondial, il me dit : « Tu as fait un très bon match contre la Croatie. Mais c'est le seul que tu as joué à ton niveau. » Le genre de message qui pique un compétiteur ! Dans un autre style, après notre défaite avec l'équipe de France contre l'Allemagne, j'avais reçu un SMS de notre capitaine à Kiel, Stefan Lövgren : « Le Championnat du monde, c'est fini, mais il y a le club. Et nous, cette année, on a le triplé comme objectif. » Le genre de message qui te booste et qui te remonte le moral ! Pourtant, la fin de saison s'annonçait compliquée. On est en effectif réduit, avec 13 joueurs pros seulement, dont trois gardiens. On a un joueur qui s'est fait les croisés, notre pivot se blesse en demi-finale de la Ligue des champions, et Stefan, qui suite au Final Four de la Coupe d'Allemagne est *out* pour la fin de saison. On n'a plus qu'un joueur par poste. On est toujours présents sur les trois tableaux mais on peut tout perdre. Même dans ces conditions, on arrive à gagner la Coupe d'Allemagne. Il faut savoir que c'est dingue, la coupe, là-bas. C'est un week-end, à Hambourg, avec 13 000 personnes, la salle divisée en quatre, un coin de supporters par équipe, franchement, c'est un petit Final Four de Ligue des champions. Dans la grande, la vraie, on passe les tours et on atteint la demi-finale contre Pampelune. Là-bas, on perd de deux buts (30-28). C'est là qu'on perd notre pivot titulaire. Ça commence à faire beaucoup alors on va chercher Andrei Xepkin. Il y a un an et demi qu'il a arrêté, il a 41 ans, mais il a gagné six Ligues des champions avec Barcelone et il fait 2,10 m. On ne l'utilise qu'en défense mais l'avoir devant toi, ça soulage ! Au retour, on gagne 34-37 et on retrouve Flensbourg en finale. On les a joués quatre fois dans le mois n'en perdant qu'un en championnat, celui qui ne comptait pas.

Lors de la finale aller, tout se passe bien, on mène de cinq buts, on domine. Et puis Christian Zeitz, notre arrière droit, tire dans la tête du gardien. Ça réveille tout le monde à Flensbourg, ils remontent et on fait match nul 28-28. Au retour, ça se jouera à cinq secondes de la fin, mais on l'emporte 29-27. Je me rappelle que ce jour-là, pendant l'échauffement, notre capitaine Stefan Lövgren est rentré pour s'échauffer comme s'il allait jouer. À ce moment-là j'ai entendu une telle ovation que je me demandais ce qu'il se passait. Cela a redonné confiance au public et survolté aussi tous les joueurs. Cette année-là, on gagne tout. C'est l'année rêvée. J'ai rapidement obtenu la confiance du coach qui m'a mis titulaire alors je tenais à lui prouver que je le méritais, notamment sur ces matchs clés de demi-finale et de finale de Ligue des champions, ceux-là mêmes pour lesquels il m'avait recruté. Après le dernier match de championnat, on va sur la place de la mairie. On part de la salle, déguisés – un costume de roi avec une grande cape rouge – en Audi A3 décapotable. On fait un tour dans la ville en cortège, il y a des gens partout. Partout. On va sur la place de la mairie, on monte au balcon, on nous présente, chacun passe au micro. Tu es là, tu as 25 000 personnes devant toi. Vivre ces moments-là, c'est unique. Et ce sera comme ça tous les ans. On redescend, on arrive sur une estrade, et on doit tous chanter les uns après les autres avec le public qui reprend en chœur avec toi. Tu peux lui faire chanter ce que tu veux ! Moi, j'avais choisi une chanson des Enfoirés, une facile parce que je ne suis pas vraiment *The Voice* ! On reste jusqu'au bout de la nuit, comme des rock stars ! C'est énorme. On est 25 000 mais on est entre nous.

Victoires et consécration

La première saison, je finis deuxième meilleur joueur derrière Niko. C'est le choix des entraîneurs et des capitaines, tu es élu par tes pairs, c'est un vote qui a de l'importance. Je m'éclate, et je veux que ça continue. La deuxième année, ils m'élisent troisième meilleur joueur. C'est précisément là que Montpellier revient vers moi pour que j'y retourne à la fin de mon contrat. Ils montent un nouveau projet, avec une nouvelle salle, mais je ne me sens pas de revenir aussi tôt, je n'ai pas le sentiment d'avoir fait tout ce que je voulais y faire. Je veux marquer l'histoire de mon sport en Bundesliga et c'est loin d'être fait. Et puis je suis dans le meilleur club d'Europe, je ne me vois pas partir. De toute façon, Kiel me fait une proposition que je ne peux pas refuser, enfin, que je ne veux pas refuser. Je suis aussi contacté par Barcelone. Je me pose la question deux secondes mais je suis tellement bien en Allemagne, avec cet engouement du public, la complicité qui règne entre les joueurs de l'équipe. Je suis bien, en train de monter, j'étais arrivé pour quatre ans, au bout de deux, je signe de nouveau pour cinq saisons. L'année d'après, je suis élu meilleur joueur.

Les deux années suivantes, on fait deux très belles saisons conclues par des doublés nationaux et à chaque fois on atteint la finale de la Ligue des champions où on perd deux fois contre Ciudad Real. En 2008, on avait gagné de deux buts chez eux à l'aller, on était quasiment invincibles chez nous, ils n'avaient rien à perdre. Eux, ils ont fait le match parfait alors que nous, on n'a pas réussi à produire une performance digne de notre niveau. Même avec tout le public derrière nous.

En 2009, c'est pire. On gagne de cinq buts chez nous, et là-bas, on mène de quatre buts à 20 minutes de la fin mais, dans le dernier quart d'heure, on déjoue complètement en attaque. En face, il y a un grand Luc Abalo et le gardien, qui n'avait pas été énorme jusque-là, ferme tout dans les 10 dernières minutes. Personnellement, je fais l'une de mes meilleures premières mi-temps. Contre-attaque, penaltys, j'arrête tout. Leur entraîneur finit même par demander aux joueurs de me viser autour de la tête pour me faire sortir du match. Mauvaise idée. Non seulement ça ne me fait pas péter les plombs, mais ça me motive encore plus ! Je dois faire 28 arrêts ! En finale de Ligue des champions, ça fait un gros match. Sauf qu'il se finit mal. Une fois qu'on est dans une spirale négative, c'est compliqué d'en sortir.

Je me souviens du public qui me sifflait et m'insultait. En revanche, après le match, pendant que je parlais avec Jérôme Fernandez, qui jouait là-bas à l'époque, ils venaient tous pour faire des photos avec moi !

Cette défaite fait partie de mes très grosses déceptions mais elle nous aura servi à rebondir en 2010. Quand on se retrouve à moins six buts contre Barcelone, on se dit qu'on ne peut pas laisser une troisième finale nous échapper. Et on arrive à remonter. C'était l'année du premier Final Four de l'histoire. En quart de finale, on gagne seulement d'un but à l'aller contre Rhein-Neckar Löwen et on gagne sur le même écart au retour. Tout le monde est hypermotivé, tout le monde veut décrocher sa participation à ce nouvel événement, à Cologne. Ce sera nous, Ciudad Real, le Barça et Medvedi Tchekhov, une équipe russe. Résultat, dans la salle, il n'y a que des Allemands ! 20 000 personnes. Dans le dernier quart d'heure, toute la salle est debout !

Le match contre le Barça n'avait pas bien commencé pour nous, moi compris. On se retrouve rapidement mené de quelques buts et le coach me sort au bout d'un quart d'heure. Il fait rentrer Peter Genzel qui était arrivé cette année-là pour remplacer Andreas Palicka, blessé pour la saison. Une dizaine de minutes plus tard, je reviens sur le terrain.

En deuxième mi-temps, on arrive donc à retourner ce match. Avec de la folie, un public en transe, des arrêts, comme cette parade où je saute, en serrant les jambes, la balle rebondit et arrive dans les mains d'Henrik Lundstrom, contre-attaque, but ! Les buts s'enchaînent, incroyables, par Daniel Narcisse, Filip Jícha ou Christian Zeitz. Il y a aussi cet arrêt sur penalty de Genzel sur Juanín García. C'est un match dingue qui finit dans la tension. On comprend, on a vécu la même chose l'année d'avant !

Dans *L'Équipe*, Stefan Lövgren, qui ne jouait plus, mais qui était venu en spectateur, avait dit qu'il avait été très fier de jouer avec un gardien capable d'inverser le cours d'un match. J'avais été très touché par ses mots venant d'un des plus grands joueurs de l'histoire. C'est vrai qu'il est plus facile d'être bon le jour où ton équipe va bien, mais être capable d'emmener ton équipe quand tu as un retard de six buts pour la faire gagner, c'est autre chose. La saison suivante est la moins bonne en termes de résultats. On n'arrive pas à conserver notre titre national. Je me souviens que, dans le bus, au retour du match qui scelle notre sort, je prends la parole : « Les gars, il reste le Final Four de la Coupe d'Allemagne, il faut qu'on se remobilise pour aller chercher cette coupe.

Après, on a le Championnat du monde des clubs, au Qatar, on pourra en profiter pour décompresser. » Et on est allés chercher cette coupe. On a profité du Qatar, on a fait du jet-ski, une sortie en yacht, ça a fait du bien à tout le monde, et on a remporté le Championnat du monde des clubs.

L'autre voyage qui nous a fait du bien, ça a été à la reprise. Saison 2011-2012, Daniel Narcisse nous organise un séjour chez lui, à la Réunion. Tous les deux, on part un peu en avance pour en profiter, l'équipe nous rejoint plus tard et c'est plutôt très sympa. On fait un match dans la semaine contre une sélection réunionnaise, des entraînements légers où disons que l'implication n'est pas optimale... Même les journalistes du magazine allemand *Sport Bild* font le déplacement. Là, ils demandent à quelques-uns d'entre nous de faire du parapente. Même si je ne suis pas le plus téméraire dans les airs, j'ai accepté, les défis, j'aime bien... Ils avaient titré leur article : « Prêts à tout pour redevenir champions. » C'était vraiment un super séjour pour tout le monde. Enfin, presque tout le monde : pour le coach ça l'était un peu moins ! On était dans un endroit paradisiaque, dans un hôtel de luxe, c'était le rêve, et lui, il n'a retrouvé le sourire que quand on est arrivé en Pologne, où il pleuvait, où nous étions logés dans un hôtel où on ne faisait que dormir et manger ! Nous, on souriait d'autant moins qu'ils nous avaient concocté une grosse, très grosse préparation !

Tout cela a posé les fondations de la grande année qui allait suivre. On n'avait pas de nouvelles recrues dans l'équipe, Kim Andersson et Daniel Narcisse étaient revenus de blessure, alors, dès le début du championnat, on commence très fort.

Les saisons s'enchaînaient entre club et équipe de France, mais ça n'a jamais été lourd. J'adorais ça, jouer. Il y a un moment où tu as la confiance, la conscience de ton niveau. Je savais ce qu'on était capable de faire avec cette équipe, dans ce club, on était au top de la culture de la gagne et personnellement, je me sentais dans une confiance totale, au top de la maîtrise du poste, épanoui dans mon rôle de cadre. Alors je voulais rester au sommet, montrer que j'étais à la hauteur du meilleur club du monde, de la meilleure équipe nationale du monde.

398 matchs en Bundesliga

On réalise la meilleure saison de l'histoire du hand allemand. On gagne nos 34 matchs de championnat. On détenait déjà le record avec une défaite et un nul, là, on n'en perd pas un. On aligne 51 matchs sans défaite sur deux saisons. On en lâche seulement un dans l'année, en coupe d'Europe, d'un but, chez nous, contre

Montpellier, mais on gagne le championnat, la coupe, la Ligue des champions. Et, moi, je suis champion olympique avec l'équipe de France.

Dès le 1er mai, on est champion d'Allemagne. Lors de ce match, je prends un coup sur le mollet que je vais ressentir jusqu'à la fin de la saison. Il reste cinq matchs de championnat à disputer, dont trois avant le Final Four de la Ligue des champions. Il y a également le Final Four de la coupe d'Allemagne qui arrive juste après la victoire contre Magdebourg qui nous sacre champion. Je sens que j'ai besoin de repos alors que se rajoute aussi l'objectif de terminer la saison invaincue. Cela n'a jamais été fait en Bundesliga (on peut marquer l'histoire). Je m'entraîne moins et avec le coach on convient de m'économiser au maximum sur les trois matchs de championnat quand c'est possible pour que je récupère pour le Final Four. Il me sollicitera quand même pratiquement chaque fois sur les deuxièmes mi-temps ou des bouts de match. Une fois sur le terrain je n'y pensais plus.

On sent qu'on est en confiance et on enchaîne. On va remporter la Coupe d'Allemagne et préserver notre invincibilité toutes compétitions confondues en Allemagne. En Ligue des champions, on retrouve Berlin en demi-finale et on assume notre statut de favori même si cela fût compliqué. En finale on retrouve l'Atletico

Madrid, anciennement Ciudad Real. Comme cela nous est déjà arrivé, on ne commence pas très bien notre match, mais on est sur notre lancée, il ne peut rien nous arriver. Je me rappelle une fois encore de l'ambiance électrique dans la salle, de joueurs au sommet de leur art, comme Daniel Narcisse, Filip Jícha, Kim Andersson ou Momir Ilic. En deuxième mi-temps, on se retrouve en double infériorité numérique, mais on arrive à les mettre en échec. Sur un pénalty, j'entends toute la salle scander : « Titi, Titi... », ce qui influence le tireur qui tire sur le poteau. C'était une finale qui venait couronner notre saison. Tout le monde nous voit faire le triplé et on fait le triplé. Une saison incroyable avec ces 34 victoires en 34 journées en championnat, la coupe d'Allemagne et cette troisème Ligue des champions avec Kiel. À la fin de la saison, on se déguise en pilote d'avion, en überflieger, ceux qui survolent.

En sept ans, je n'ai pas raté un match, j'en ai joué 398. J'ai disputé des matchs qui ont marqué l'histoire. Quand je suis parti, ils ont affiché mon portrait dans la salle. À Kiel, pour être « sous le plafond », comme ils disent en allemand, il faut avoir passé 10 ans au club. Moi, j'en ai fait sept. C'était une belle surprise. Ça compte, vraiment. Après mon dernier match, j'ai fait un discours de 20 minutes. À la fin, on m'a dit : « On a une petite surprise. » Ils ont enlevé la bâche et j'ai vu ma tête sous le plafond. C'était vraiment émouvant. J'aurais pu continuer et faire toute ma carrière là-bas, mais j'avais envie de rentrer en France. Et puis je ne pensais pas que j'allais jouer encore aussi longtemps, j'avais 36 ans...

J'ai remercié les gens pour toutes ces années, j'ai expliqué que ça avait été une aventure extraordinaire. Je leur ai dit : « Mon fils est né ici, j'aurai toujours un *kieler* à la maison. » Quand j'ai dit ça, le public m'a fait une ovation ! Ça a vraiment été sept années géniales. Je n'aurais jamais pensé pouvoir avoir un tel impact sur les performances d'une équipe, gagner autant de titres. J'y allais pour gagner la Ligue des champions, je n'imaginais pas que j'allais être adopté de cette façon.

CHAPITRE 4

UN POSTE TECHNIQUE, PHYSIQUE ET MENTAL

Être gardien de but au handball est indissociable d'une bonne coordination entre le mental et le physique. Mes années en Allemagne et mon expérience en équipe de France m'ont fait prendre conscience de la dimension athlétique du poste et de la capacité qu'il faut avoir à travailler pour résister corporellement aux tirs, psychologiquement à l'adversité et aux blessures.

Un duel psychologique

Prendre l'ascendant psychologique et resserrer l'étau autour des tireurs est un peu la clé de tout. J'ai grandi à mon poste à travers le duel tireur-gardien. Cela m'a vraiment beaucoup plu. Souvent, il m'arrivait de chercher du regard le joueur dont je venais de contrer le tir quand il se replaçait en défense. Pour voir sa réaction, s'il souriait, s'il baissait la tête, pour avoir des indications sur le sentiment qu'il éprouvait, je voulais voir si j'avais pris l'ascendant sur lui. J'essayais d'affirmer ma présence quand je sortais vainqueur d'un duel, surtout sur un duel en un-contre-un sur un ailier ou un pivot. Le but est d'envoyer un message à son adversaire même quand on encaisse un but. L'attitude dégagée est très importante. Après un arrêt, insister et chercher à ce que le tireur se décourage. Après un but encaissé, montrer qu'on n'est pas affecté et envoyer un signal pour lui signifier qu'il ne marquera pas le prochain.

Il y a une photo où je suis tête contre tête avec un Allemand, Torsten Jansen. À l'époque, il joue à Hambourg, je suis le gardien de Kiel et les deux équipes sont très rivales. Hambourg a gagné le seul titre qui a échappé à Kiel durant les sept années que j'ai passées là-bas. Nous sommes en 2010, au Championnat d'Europe, en Autriche. Avec les Bleus, on est l'équipe à battre, championne olympique et du monde en titre. Nous, on garde le souvenir de 2007 et de la demi-finale perdue en prolongation en Allemagne contre l'Allemagne, avec le sentiment d'avoir été volés par les arbitres à la dernière seconde. Nous retrouvons donc les Allemands. Au tout début du match, il arrive en contre-attaque, je me déplace un peu, il me tire en pleine tête. Juste avant, sur un penalty, il m'avait frôlé l'oreille, alors, là, je ne réfléchis pas, j'avance vers lui et on finit nez à nez. Je lui ai montré que je ne me laissais pas impressionner. C'était parfois limite, mais je pense que montrer qu'on est plus fort dans ce genre de duel psychologique fait partie du poste.

Il y a eu des matchs où c'est allé très loin comme lors de la finale de Ligue des champions contre Barcelone, où après avoir compté un débours de six buts à 20 minutes de la fin on a réussi à renverser le match dans une ambiance de folie. En revoyant les images, je me dis que ce n'est pas moi, mais je pense que ce jour-là, pour retourner un tel match il fallait que je sois dans cet état-là. Je me vois pratiquement courir après un joueur suite à un arrêt, extérioriser chaque arrêt avec le public, pousser à l'extrême chaque action réussie. Je me dis que c'est en total contraste avec ce que je suis. Ma famille, mes amis le savent, il y a moi, et il y a moi sur un terrain. Je suis très différent dans la vie de tous les jours. Je peux m'énerver, je suis un être humain, mais je suis plutôt posé. Sur le terrain, je me transforme, en quelque sorte !

Ce côté tueur, cette envie de rentrer dans la tête de mes adversaires, il a fallu que je l'acquière pour franchir un palier. C'est comme ça, c'est important dans ce jeu entre tireur et gardien. Il faut inspirer de la crainte au joueur en face de soi, il faut que, quand il s'approche pour shooter il se dise que ça va être compliqué. Au début de ma carrière, j'ai entendu des joueurs parler des gardiens, en amont de matchs. Si le gardien devient un sujet de conversation, tu peux être sûr qu'ils appréhendent le duel donc que, psychologiquement, ils vont être un peu moins bien. Ils vont réfléchir : « Il va peut-être falloir que je tire plutôt comme ça. » Quand les joueurs commencent à se poser des questions, ils n'ont pas le même tir que d'habitude. En général cela se termine par un match où le gardien prend l'avantage. C'est à ça que j'aspirais. Je voulais que, avant d'entrer sur le terrain, les joueurs aient cette même forme de respect, cette crainte de jouer contre moi.

Je la sentais chez certains, cette appréhension. Un mélange de peur et de respect. C'était flagrant chez un ailier gauche croate, Goran Šprem. Tout ce que je voulais, c'était maintenir l'emprise que j'avais sur lui. Il a fini un France-Croatie à 0-7. Pour un ailier qui fait des tirs à six mètres, c'est presque impossible, même si le gardien est dans un bon jour, il va en prendre un ou deux. Mais lors des matchs précédents je l'avais mis en échec, j'avais pris l'ascendant psychologique.

L'inverse existe aussi, il y a des joueurs contre lesquels c'est plus difficile à obtenir. Ça a toujours été un défi de se mesurer aux meilleurs. Je me souviens d'un match contre le Danemark, à mes débuts en équipe de France, où je me retrouve face à un joueur que je vais revoir souvent les 20 années suivantes, Lars Christiansen, un ailier gauche qui a longtemps évolué à Flensbourg. Pour mon premier face-à-face avec lui, sur un tir à angle fermé, je me suis collé à mon poteau en me disant : « Il ne peut pas marquer. » Il m'a fait un tir à effet. Je vois la balle qui tombe, et, avec l'effet, elle entre en lucarne... J'ai appris que c'était un niveau encore au-dessus par rapport à ce que j'avais connu jusque-là. Déjà que je n'avais pas fait un super match, après la rencontre, j'étais au fond du seau. On m'a dit que ce joueur avait fait pleurer beaucoup de gardiens. En effet, il inscrira plus de 1 500 buts en équipe nationale, presque 3 000 à Flensbourg. Il y en a eu contre lesquels j'étais plus ou moins en réussite, mais je me répétais que chaque match avait son histoire.

Prendre l'ascendant psychologique et resserrer l'étau autour des tireurs est leur faire sentir que ça ne va pas être leur jour. Quand tu vois que tu as pénétré leur esprit, tu sais que tu as gagné. Et cela n'est possible qu'en enchaînant les performances. Et les années d'expérience. Pas seulement, de façon basique, parce que l'on progresse, mais aussi parce que, contre un jeune gardien, les joueurs vont tenter beaucoup plus de choses. Plus tu es expérimenté, plus tu as déjà montré tes capacités et marqué les esprits, moins les joueurs vont oser des tirs qu'ils n'ont pas l'habitude de faire et encore moins dans les matchs à enjeu ou dans le *money time*.

Mais, pour nous aussi, c'est très compliqué. Parfois, tu te dis : « Je sais que son meilleur tir c'est ça, mais vu que les trois fois d'avant, je l'ai arrêté, est-ce qu'il va refaire le même ? »

On est dans du premier, deuxième, troisième degré de lecture, il faut penser à toutes les options hyper rapidement. Tout va très vite, mais tout se fait tellement naturellement. Ces situations, tu les as vécues et vécues et revécues. Ce travail sur les tirs, tu le fais depuis que tu es gamin. C'est dur à expliquer, il se passe tellement de choses dans la tête... Le cerveau est une sacrée machine, en un dixième de seconde, tu arrives à analyser, en fonction de ce que tu sais et en fonction de ce que tu vois, de la façon dont le joueur saute, du *timing* de tir, et, en même temps que tu avances pour te mettre en position, tu dois engranger ces informations, regarder la balle et aller au ballon. Tu analyses aussi en fonction du contre, de la course du tireur, de sa situation, de ce qu'il regarde, à partir de la position de son poignet, de son épaule, etc. Le regard c'est hyper important, il doit être fixé sur la balle. Sur le bras, aussi. C'est par rapport au bras et jamais par rapport au corps qu'il faut se placer. Et il faut essayer de minimiser les déplacements, d'optimiser son positionnement, anticiper l'endroit où le joueur va sauter pour être placé le plus tôt possible. Plus tu es placé tôt et juste, plus tu vas pouvoir te concentrer sur ta parade. On va à la balle, on avance et on se stabilise pour agir latéralement tout en attaquant la balle. Parfois, tu peux avancer à quatre mètres, parfois à deux mètres, sur un tir de pivot, quand il reçoit la balle, tu avances et quand il l'a, tu stoppes. Le but c'est le coller le plus possible, plus tu prends de la place, plus tu vas réduire l'angle, mais il ne faut pas aller trop près, sinon il peut te lober. Pour tout ça, même si la vidéo m'a été indispensable, la répétition des matchs est irremplaçable. Sur les images, on ne se rend pas compte si le joueur tire fort, vite, en montant, si ses frappes sont lourdes, plutôt sèches et franches, toutes ces petites choses que l'on a besoin de savoir et que l'on ne peut ressentir qu'en jouant.

Temps forts, temps faibles

Il y a tellement de facteurs à assimiler à ce poste. Il y a une part de lecture technique et une part d'intuition, c'est difficilement explicable. Je me souviens d'un match à Kiel lors duquel je me retrouve en face du même tireur Michael Allendorf, l'ailier gauche de Melsungen. J'avais déjà joué contre lui, je l'avais étudié à la vidéo, il tirait souvent ses penaltys en bas ou entre les jambes, donc, dès que le penalty est sifflé, je me prépare à faire une parade basse, soit en descendant à deux mains, soit en fermant les jambes. Au moment où il shoote, je vois qu'il va tirer en haut. J'arrête ses deux penaltys comme ça. Deux fois en haut, une fois à gauche, une fois à droite. Il a changé son tir, se doutant que certainement je l'avais étudié à la vidéo mais, dans ce cas, la part d'intuition et de lecture a été primordiale. On n'est rien sans réflexes et rapidité. Cela signifie aussi que, tout ce que tu sais des joueurs, c'est toujours bien, mais que l'important, ça reste d'aller là où va le ballon. Je me souviens d'un joueur à l'entraînement qui me demandait pourquoi j'allais au deuxième poteau derrière le contre. « Ce n'est pas ton côté ! », disait-il. Je lui répondais : « Ben non, je ne vais pas aller premier poteau si la balle va au deuxième ! » S'aider des défenseurs pour réduire la probabilité que le tireur choisisse un côté plutôt qu'un autre, oui, c'est utile aussi, mais le plus important reste d'aller là où il tire.

Bien commencer un match est important. Quand tu commences à prendre trois, quatre buts, tu peux te mettre à douter, c'est la raison pour laquelle les premiers face-à-face sont primordiaux, il faut les gagner pour essayer de prendre l'ascendant. Ce sont des vases communicants : quand le gardien se met en confiance, les tireurs la perdent et réciproquement. Quand c'est le joueur qui score, d'autant plus quand il marque dans les endroits où tu t'étais dit qu'il allait tirer, c'est un peu plus compliqué de revenir, et dans le match, et dans le duel. Ça fait partie de ces choses que j'ai appris à gérer tout au long de ma carrière. J'ai joué contre des joueurs très doués, des ailiers – c'est avec eux le vrai duel un-contre-un – contre lesquels je me disais : « OK, il va me balancer tous ses grigris, tout ce qu'il sait faire, mais, quand il aura des tirs importants, ceux qui vont compter, dans les 10 dernières minutes, c'est là qu'il faudra sortir les ballons. » D'autant que, à ce moment-là, ils ne vont pas faire des roucoulettes, des chabalas.

Les premières secondes d'une rencontre réclament donc une grande concentration parce qu'il faut être prêt tout de suite, prendre confiance. Les deux, trois premiers ballons peuvent décider de ce que tu vas faire dans ton match. Si tu prends les cinq premiers, c'est plus compliqué, même si tu n'es pas directement responsable d'ailleurs. J'apprendrai avec le temps aussi à revenir dans un match et surtout, en fonction des tirs que je venais de prendre, à ne pas sortir du match. Si tu ne prends que des contre-attaques ou des penaltys, ce n'est pas la même chose que si tu prends des buts sur lesquels tu es en partie responsable. Il va falloir construire ton match différemment, reprendre l'ascendant sur les tireurs. Si, sur les deux, trois premiers tirs, tu fais des arrêts, c'est différent, même s'il ne faut pas faiblir. Moi, quand je commençais bien, je voulais repousser au maximum le moment où j'allais prendre le premier but, puis le moment où j'allais en prendre deux de suite. Tout dépend aussi des situations qui se présentent. Parfois, l'équipe est bien en place, ça attaque, ça marque, tu ne fais pas face à trop de contre-attaques, et il y a des jours où l'équipe peine davantage en attaque, où tu prends montée de balle sur montée de balle, un-contre-un sur un-contre-un. Et puis tu peux faire une très bonne première mi-temps et, avec la coupure, avoir du mal à remettre ça en début de deuxième, parce que les joueurs ont eu le temps de se ressourcer, de mettre de côté les 30 premières minutes.

Et un gardien n'est pas forcément au diapason de son équipe. Parfois, les performances vont de pair, mais pas obligatoirement. Lors de l'Euro 2010, quand je réussis péniblement quatre arrêts, l'équipe, elle, fait un bon match, on s'en sort grâce à l'attaque (29-29 contre la Hongrie). En revanche, le lendemain, face à la République tchèque, je fais 24 arrêts, mais on est à la peine on attaque (21-20). Quand tu es bien dans ton match tu essayes de tenir et de fermer le plus longtemps possible. Derrière, on se sentait investi d'une mission ! Je disais à mes défenseurs : « Nous, on tient, ce n'est pas grave si, en attaque, ça marche un peu moins bien, on est là. » On mène 21-16 et, dans le dernier quart d'heure, on ne marque plus de buts, il n'y a plus de pression sur le gardien, ils remontent, ils remontent... Moi, j'avais complètement raté mon premier match, alors, dès le début, je suis dans un état second, je veux me rattraper de ma prestation de la veille – un mauvais match ça peut arriver, mais pas deux d'affilée – je fais des arrêts de la première à la 60e minute, cinquante pour cent de réussites, 24 arrêts, notamment un dans les 10 dernières secondes. Cinquante pour cent d'arrêts, c'est énorme. Mais ce que cherche un gardien, c'est le match parfait, celui à zéro but. Ce qui est évidemment impossible. Enfin, ça m'est arrivé une fois...

Lors d'une avant-saison, avec Kiel, on disputait des matchs amicaux, organisés par des partenaires, contre des équipes de quatrième ou cinquième division. On allait jouer dans des petites salles de 500 personnes, ce ne sont pas des matchs très marrants pour les gardiens. Ce n'est pas leur faire offense que de dire que les joueurs sont plus maladroits. Le grand joueur, tu sais à peu près ce qu'il va faire, à petit niveau, quand tu vois arriver le mec, tu ne peux pas savoir. Et puis, c'est compliqué de trouver la motivation suprême, je ne vais pas réussir à me mettre dans l'état qui me permet d'être performant, je vais manquer d'agressivité. Même si ce sont des joueurs de cinquième division, ils vont te marquer des buts, le contraire est impossible, et dès que tu vas en prendre un, la salle va exploser.

Je commence le match. Je fais un arrêt, deux arrêts, trois arrêts. Notre défense est bien en place, en face, ils ont du mal à trouver des solutions, et on arrive à la 10e minute sans prendre de but. Peu importe le niveau de l'équipe, j'essayais toujours de repousser au maximum le moment où j'allais encaisser le premier. 10e, 15e, 20e, toujours rien. Alors je commence à motiver ma défense : je suis passé à l'objectif zéro but encaissé à la mi-temps sans vraiment penser que ce fût possible. Je me souviens : il reste 30 secondes, je fais un arrêt, juste derrière l'un de nos jeunes joueurs, Aron Palmarsson, un Islandais, fait un contre et le gong retentit. Sur les dernières actions défensives, j'avais harangué mes partenaires pour qu'ils ne se relâchent pas. Ce ne sont pas les matchs les plus faciles à aborder au niveau de la concentration, nous ne sommes pas dans une exigence absolue. J'ai couru vers Aron et on a fait un poitrine contre poitrine. J'étais hypercontent, j'avais fait un 100 % ! 23-0. Ce n'était qu'un match de préparation contre une équipe amateur mais mon côté compétiteur, se lancer un défi en cours de match, avait pris le dessus.

Une question de caractère

Les défis, c'était même à l'entraînement : « Si vous en marquez plus de quatre, c'est vous qui gagnez, sinon c'est moi. » Il faut que je gagne en tout. En général, au début, je m'amuse, mais, très vite, j'ai envie de gagner. C'est comme ça. Petit, déjà, je ne supportais pas de perdre. À n'importe quel jeu, de cartes, de société. Ça a débuté comme ça et s'est prolongé sur le terrain de hand. Ce qui m'aura certainement permis d'aller chercher une motivation au plus profond de moi pour gagner des titres, mais ça aura aussi engendré quelques prises de tête à l'entraînement. Pendant les parties de foot et tous les petits jeux d'échauffement, avec les jeunes, notamment, il y a pu avoir des petites frictions parce que le match de foot, personne ne veut le perdre et moi encore moins qu'un autre ! Ça fait partie de la vie d'une équipe, tu te fais la gueule pendant 10 minutes et c'est oublié. Enfin, pendant 10 minutes, il ne fallait quand même pas trop venir me parler ! Même à 40 ans, oui ! Mais quand j'étais énervé parce que ça s'était mal passé au foot ou parce que je m'étais pris la tête tout seul dans la foulée, ça me motivait à être à fond dans mon entraînement. Je faisais la gueule mais ce n'était pas pour ça que je lâchais, au contraire. J'ai toujours eu du caractère et je m'en suis servi. De toute façon, à ce poste-là, il en faut.

J'ai parlé de ces matchs où tout se déroule tranquillement mais il y en a d'autres où il faut lutter, aller puiser au plus profond dans ses ressources. Il y a des jours où tu n'arrives pas à sortir de cette spirale où tu prends des buts. Tu vas faire un arrêt de temps en temps mais tu n'arrives pas à peser sur le match. Quand tu sors, il y a énormément de frustration, tu n'as qu'une envie, c'est que la prochaine échéance arrive. On peut vite passer d'un état à l'autre. Après un bon match, tout s'enchaîne. Ça roule à l'entraînement, on est en pleine confiance le match d'après. Ce sentiment-là a son influence sur les parades qui vont suivre, comme on est serein, on ne va pas donner de solution au tireur, on sait qu'on est bien, que, cet arrêt, on peut le faire. Cet état, il faut arriver à le conserver.

Quand on se rate, en revanche, on doit être capable de rebondir pour ne pas se laisser entraîner dans une série négative. Moi, faire un mauvais match, je le vivais vraiment très mal. Sur des compétitions avec l'équipe de France, les matchs s'enchaînent, tous les jours parfois, on peut se relancer vite, mais, en club, on peut ne pas rejouer avant une semaine. Autant dire que ça avait un impact sur mes premiers entraînements ! D'autant plus quand je m'estimais responsable d'une défaite. Et, si c'était le cas, je le savais. J'ai toujours beaucoup analysé mes prestations. Sur les séances vidéo, c'était toujours plus plaisant de regarder après un bon match mais c'était important aussi de voir la différence avec des mauvais matchs. Au niveau de l'attitude, du placement ou de l'anticipation. Cela fait partie du poste : quand tu n'es pas bon, cela se voit. Cela dit, c'est ce qui me faisait repartir au travail. Ces mauvais matchs, ils m'ont formé, ils m'ont rendu capable de ne jamais rien lâcher parce que je ne voulais plus jamais revivre ça. Même si je l'ai revécu. Il y a toujours un moment où tu vas faire un mauvais match. Pourquoi tu en fais un mauvais, pourquoi tu en fais un bon ? Le point de bascule est infime. Cela se joue à un dixième de seconde, entre juste toucher un ballon et l'arrêter. Cette différence vient aussi du doute qui peut s'installer ou de la confiance qu'on a.

Je pense que ça a été une de mes forces. Je ne voulais pas me sentir responsable d'une défaite, c'est pour ça que je voulais faire plus que le maximum. Si être gardien demande un état d'esprit et une préparation plus personnelle, ce sont aussi mes coéquipiers qui m'ont aidé à devenir meilleur. Peut-être que si j'avais pratiqué un sport individuel, par moments j'aurais pu lâcher. Là, c'était hors de question, je voulais me battre pour ceux qui étaient là devant moi, en défense, pour tous mes potes sur le terrain, c'est aussi pour ça que je me tournais souvent vers ceux qui étaient sur le banc. Je sentais qu'ils avaient confiance en moi et je voulais leur rendre. Quand j'avais un passage à vide, quand je faisais une mi-temps difficile, la force de retourner la situation, je la trouvais aussi grâce à mes coéquipiers

Le plus important était la victoire collective et je savais qu'elle passait très souvent par la performance du gardien. C'est aussi ça qui m'a fait aimer ce poste, c'est ce qui m'a fait progresser, c'est ce qui a fait que, j'ai repoussé mes limites, que je suis allé piocher dans des ressources dont j'ignorais l'existence pour revenir dans un match et faire des arrêts dans le *money time*. C'est la raison pour laquelle ce poste est génial mais qu'il est aussi très dur psychologiquement. On se met parfois dans des états parfois proches de la transe, je suis incapable d'expliquer comment j'en arrive à ces extrémités. La frustration ressentie après un match perdu par ta faute, où que tu estimes perdu par ta faute, est proportionnelle. C'est elle qui te pousse à faire les efforts nécessaires pour ne plus vivre de moments comme ça, les gommer. Parce que, moi, je restais marqué très longtemps. Quand on a perdu en finale de Ligue des champions avec Paris, dans les dernières secondes, j'ai ensuite vécu une semaine très difficile. Pareil quand on avait perdu à Ciudad Real avec Kiel. Je sais bien qu'il faut essayer de faire la part des choses entre ce qui se passe sur le terrain et ce qui se passe dans la vie mais quand on ne supporte pas de perdre, c'est compliqué. De toute façon, c'est compliqué, ton humeur est forcément affectée par tes résultats. Quand tu rentres et que tu es champion olympique, tu es sur un nuage, il ne peut rien t'arriver, tu as le sentiment d'être au-dessus de tout. Tout est beau, c'est magique. J'ai toujours tellement vécu pour mon sport, pour cette passion que j'ai pour le handball, forcément, toute ma vie dépendait de la façon dont je m'entraînais, la façon dont je jouais, si je gagnais, si je perdais. C'était difficile pour moi de passer à autre chose. Pourtant quand tu rentres à la maison, que tu es de mauvaise humeur parce que tu as perdu et que tu vois le sourire d'un petit bébé, tu apprends à relativiser. Pareil, quand on n'a pas réussi à se qualifier pour le Final Four avec Paris, en 2019, pour ce qui a, du coup, été mon dernier match de Ligue des champions. J'étais abattu, j'avais les larmes aux yeux, mais mon fils pleurait tellement que j'ai dû reprendre mon rôle de père. Ma détresse, je l'ai oubliée pour consoler la sienne. C'était à moi de lui montrer que ce n'est que du sport.

L'observation comme technique d'apprentissage

J'ai l'impression de m'être construit un peu tout seul dans mon apprentissage à ce poste. Et les premiers réflexes demeurent. J'aimais arriver très tôt pour voir les échauffements avant un match, j'ai toujours été dans l'analyse, et m'inspirer d'autres sportifs, peu importe la discipline. Même à la télé, j'aimais bien regarder les attitudes : un joueur en difficulté, un gardien qui fait une boulette, comment il réagit. Ça se perçoit assez rapidement. Il y a celui qui ne va rien laisser paraître, réussir à zapper et repartir, et celui qui reste fébrile. Toi, sur ton canapé, tu le vois, tu revis des choses que tu as vécues. Je me servais de ça, je me demandais comment moi j'aurais réagi dans cette situation pour ne pas me laisser tirer vers le bas.

J'ai picoré des informations partout où j'ai pu. À Cernay, je regardais les gardiens de l'équipe première, j'échangeais avec ceux qui jouaient en première division à Sélestat. À 12 ans, j'admirais les gardiens de l'équipe de France que je suivais à la télé. À 16 ans, je n'admirais plus, je copiais ! Dès que je pouvais voir un gardien en vrai ou à la télé, j'essayais de reproduire ce qu'il faisait.

Mon père avait des cassettes, avec mon frère, il y en a qu'on a dû voir 100 fois ! Et je me souviens d'un match au palais des sports de Mulhouse après lequel je voulais faire les mêmes parades que le gardien suisse. Je disais : « Waouh ! T'as vu comme il lève la jambe haut, lui ? » Je n'ai jamais pensé que quelque chose n'était pas à ma portée. On dit que, quand le joueur de champ arrive face à toi, il a plus de chances de marquer que toi d'arrêter. Moi, je partais du principe que j'avais toujours une chance de l'arrêter.

Pour progresser, il me semblait que tout pouvait m'être utile. Dès qu'on me disait un truc, je l'imprimais, et cela a toujours été le cas tout au long de mon parcours.

La vidéo n'est pas un jeu

La vidéo m'a également toujours accompagné. Elle est indispensable dans le sport de haut niveau et particulièrement au poste de gardien. Il faut savoir s'en servir et ce n'est pas aussi simple que regarder un tireur, voir de quel côté il tire ou s'il part de tel ou tel côté pendant le match. Non il faut être capable de faire la parade dans le bon timing, au bon moment. La vidéo permet d'avoir un niveau de concentration ultra élevé. Pendant ma séance vidéo, à mes débuts, et quelques fois par la suite, je faisais des dessins. Je prenais une feuille par joueur et je traçais des buts, ma zone. En regardant les images, je notais la ligne de la course et notais l'impact du shoot : « Son premier tir, il fait une course vers l'intérieur et l'impact est en hauteur. » Alors, je dessinais la course et l'impact, j'écrivais un 1, entouré ou pas selon qu'il y avait eu but, ou pas. À la fin d'un travail comme ça, tu sais que, quand le joueur court vers l'intérieur, il tire toujours de tel côté, s'il court tout droit, il tire là.

La vidéo a été indispensable à ma réussite. Très vite, j'ai compris que les joueurs continuaient à évoluer, à soulever de plus en plus de fonte, à courir plus vite, à sauter plus haut, à tirer plus fort, à faire du travail encore plus précis en technico-tactique, alors, je devais trouver de nouveaux moyens de progresser. Pour moi, ça a été la vidéo. Je pense que ça a commencé par ma première sélection en équipe de France, en 1999, contre la Roumanie. J'entre à la mi-temps, je dois faire neuf ou 10 arrêts, dont un penalty. Christian Gaudin, l'autre gardien, regardait tous les tireurs et prenait des notes. On avait analysé que le tireur roumain avait un cycle de tirs sur les penaltys : le premier à droite, le deuxième à gauche mi-hauteur et s'il avait marqué le premier et le deuxième, sur le troisième, il tentait un lob. Et c'est ce qu'il a fait. Mais je m'attendais au lob, et je l'ai arrêté.

J'ai toujours eu une bonne mémoire et j'ai vite développé une capacité d'analyse en regardant les matchs.

Dès que je voyais un tireur, j'enregistrais ce qu'il faisait. Même en regardant les matchs des filles, c'est un réflexe qui se mettait automatiquement en route : « Ah, elle, quand elle court par là, elle tire systématiquement là. » Le travail vidéo est venu en complément du reste. Dès le début des années 2000, j'ai travaillé ça avec Christian Gaudin, puis j'ai demandé les cassettes à mes entraîneurs. Au début, je faisais des fiches puis je n'en ai plus eu besoin. Je faisais toujours ma séance vidéo la veille d'un match, seul et isolé. J'ai passé une quinzaine d'années en chambre avec Jérôme Fernandez, quand je me mettais sur mon ordi, il sortait ou il mettait son casque, il savait que j'avais besoin de me concentrer.

La vidéo, c'était pour emmagasiner des certitudes sur les stéréotypes que les tireurs pouvaient avoir en fonction de l'endroit où ils se trouvaient sur le terrain, de leur course, à tel moment du match. Est-ce que, au début de la rencontre, il tire au même endroit qu'à la fin ? Est-ce qu'il reste lucide ? Qu'est-ce qu'il fait après avoir raté un tir ? Est-ce qu'il réessaye au même endroit ou est-ce qu'il change d'impact… Chez certains joueurs, c'est très marqué. J'avais remarqué que les Serbes, les Croates, les Slovènes, en général, quand ils tiraient à un endroit et qu'ils échouaient, ils revenaient au même endroit, alors que les autres avaient tendance à essayer ailleurs. Le savoir fait gagner du temps sur la parade et permet de se concentrer sur le reste. Si je voyais qu'un joueur, dans une course intérieure, tirait toujours en bas à droite, je me concentrais sur les trois autres coins. Je savais qu'au dernier moment, s'il y avait un endroit où je devais intervenir, c'était là. Je laissais ce coin un petit peu plus ouvert pour lui faire croire que c'était effectivement là qu'il devait aller et, quand il déclenchait, je me jetais à fond en bas à droite. La vidéo doit servir à ça, retarder le *timing* de parade, pas à l'anticiper. Si tu y vas trop tôt, tous les joueurs aujourd'hui sont capables de changer leur shoot, surtout en début de match, quand ils sont frais.

Au début de ma carrière, je me faisais des séances vidéo d'une heure ou deux, puis un peu moins, grâce à des logiciels qui permettaient d'obtenir plus d'infos, plus vite. Cela m'a fait gagner du temps par rapport aux avance et retour rapide sur les cassettes vidéo de mes débuts et, quand tu joues deux jours de suite, le gain de temps n'est pas négligeable ! Mais j'aimais parfois également voir un match dans son ensemble pour m'imprégner du rythme de la rencontre. Savoir si la fréquence des tirs était importante.

Cette séance m'aidait beaucoup aussi à passer d'un match à l'autre. En grande compétition internationale, après un match, même si on rentrait à minuit, je la faisais le soir même. Je voulais passer à l'adversaire du lendemain, ne pas rester sur le précédent, peu importe comment cela s'était passé. Ça évite de ressasser un mauvais match et de te gargariser avec un bon. De toute façon, après une rencontre, il est toujours difficile de s'endormir. Mais, même fatigué, je ne voulais pas attendre le lendemain matin, ça me permettait de vite passer à l'adversaire suivant, aux tireurs suivants, j'adorais m'endormir avec en tête les images de mes adversaires du lendemain. De toute façon, ça a toujours été le match d'après qui comptait. Je pouvais savourer une victoire, mais, pour moi, ce qui était plus important était de répéter la performance, encore et encore, toujours. Ce qui fait un grand joueur, ce n'est pas de faire un grand match, c'est d'enchaîner les grands matchs.

Pour me préparer, je me faisais tous les scénarios possibles : ça se passe bien, ça ne se passe pas bien, j'entre bien dans le match puis pendant 10 minutes je n'arrête pas un ballon, pour être prêt à faire face à toutes les situations. Parce que, même si tu es le mieux préparé du monde, et c'est ça qui est bien dans le sport, ce qui est beau, c'est que tout peut arriver !

C'est pour ça que je n'ai jamais abordé une rencontre à la légère. À chaque fois, il faut se concentrer au maximum, peu importe contre qui tu joues, même si tu sais que ton équipe est plus forte. Moi, je voulais toujours laisser mon empreinte sur un match. Pour ça, il n'y a pas de secrets, ou plutôt, il n'y en a qu'un : travailler, chercher les moyens de s'améliorer. Pour cela, je me servais également de l'imagerie mentale. Dans le hockey sur glace, les gardiens l'utilisent beaucoup pour anticiper la trajectoire des palets. J'avais aussi adopté cette technique pour mettre en échec les tireurs. Cela consiste à imaginer le tir que va faire le joueur et faire la parade en adéquation avec ce tir. Quand il fait tel tir je vais faire telle parade.

150-200 shoots par entraînement

J'étais obsédé par le travail. Cela m'a habité toute ma carrière. L'exigence que j'ai mise au quotidien a été ma marque de fabrique. Je ne me suis jamais relâché, j'ai toujours travaillé à fond et peut-être encore plus au fur et à mesure que les années avançaient, parce que je savais que, si je voulais durer, ça passait par là. La performance du week-end est liée à ce que tu fais la semaine. La défaite, la contre-performance, je n'ai jamais pu supporter, elles m'ont toujours poussé à retourner à l'entraînement. À ce poste-là, il faut répéter ses gammes, sans cesse. Prenons la psychomotricité, qui permet de dissocier les bras et les jambes, au début, je n'étais pas très bon. Les exercices avec des balles de tennis que nous faisait faire Paul Landuré, l'adjoint en équipe de France Espoirs chargé des

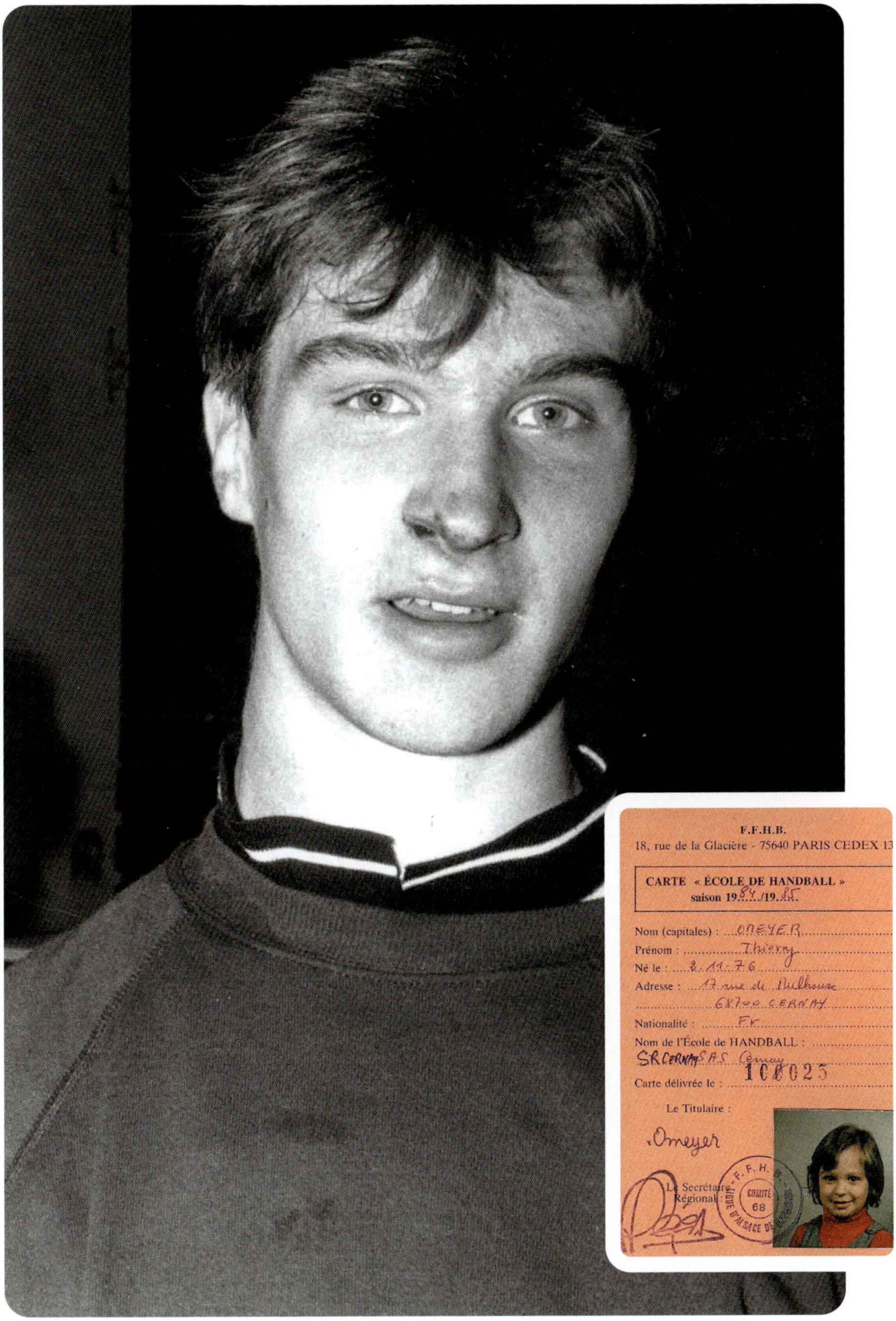

F.F.H.B.
18, rue de la Glacière - 75640 PARIS CEDEX 13

CARTE « ÉCOLE DE HANDBALL »
saison 19.84./19.85.

Nom (capitales) : OMEYER
Prénom : Thierry
Né le : 2.11.76
Adresse : 17 rue de Mulhouse
68700 CERNAY
Nationalité : Fr
Nom de l'École de HANDBALL :
SR CERNAY SAS Cernay
Carte délivrée le : 10[illegible]025
Le Titulaire :
Omeyer
Le Secrétaire Régional :
F.F.H.B. COMITÉ 68 LIGUE D'ALSACE

(En haut) À Cernay en Alsace, là où tout a commencé. Le nez en sang après avoir reçu le ballon en pleine face, c'est le métier qui rentre. (En bas) Le temps des premières licences.

Champion du monde avec les Bleus en 2001 ! Difficile à réaliser, l'émotion est intense.

Arrêt à bout portant lors de la finale des J.O. 2008 à Pékin face à l'Islande.
La médaille d'or au bout, une consécration.

Une nouvelle ligue des champions soulevée avec Kiel lors du premier Final Four de l'histoire en 2010.

J.O. de Londres 2012. Le hand est avant tout un sport collectif. Quel bonheur de ramener à la maison une nouvelle médaille d'or olympique !

Parade à six mètres sur un pivot. Le timing est primordial. Ne jamais rien laisser passer !

Seize ans après un premier titre mondial, on soulève à nouveau un trophée de champion du monde à l'AccorHotels Arena.

La rage de vaincre, un état d'esprit de tous les instants partagé jusqu'au bout avec le PSG sur et désormais au bord des terrains.

gardiens, lors desquels il fallait être le plus dissocié possible, c'était une catastrophe ! J'ai dû beaucoup travailler pour m'améliorer dans ce domaine. C'est pareil, je n'étais pas très souple mais la souplesse, ça s'acquiert au quotidien. Je me faisais des grosses séances en amont ou à la fin de l'entraînement. J'aimais bien, d'ailleurs, c'est toujours sympa de montrer que tu es un peu plus souple que les autres ! Faire le grand écart, ce n'est pas très courant. La souplesse fait partie de la panoplie de base, des fondamentaux d'un gardien de but.

De toute façon, à ce poste, tu as toujours des choses à apprendre. Au quotidien, il y a beaucoup de répétitions de gestes, pour rendre les parades les plus naturelles possible. Et pas seulement sur des shoots. Avant d'arrêter un tir, il faut de la technique pour pouvoir se déplacer vite dans son but, faire le bon geste au bon moment sans réfléchir. La répétition des situations, des tirs, c'est le plus important. Quand j'étais jeune, je voulais tout arrêter. J'ai des souvenirs d'entraînement où je me mettais dans le même état qu'en match, j'adorais ça ! À la fin de ma carrière, c'était moins le cas, j'avais moins besoin de prendre 100, 200 shoots par entraînement, mais, au début, j'adorais être tout le temps dans les buts, faire des séances de tir, avec les gars qui te disent : « On fait 10 tirs, je vais t'en marquer sept. » Je répondais : « Ah non, tu vas en marquer trois ! »

Alors, il m'arrivait de râler. Quand on fait des tirs au poste, il n'y a pas de défenseurs, donc, au début, ils tirent à 9,50 mètres, 10 mètres, normal, et puis, quand ils commencent à ne pas les mettre au fond, ils avancent à neuf mètres, 8,50 mètres ! Bon, et puis, quand j'en encaissais, je pouvais être de mauvaise foi, aussi, je l'avoue. Surtout avec les jeunes, je leur disais : « Recule à neuf mètres et on en reparle ! » Même à l'entraînement, je n'acceptais pas de prendre des buts. Pour les plus jeunes, j'ai pu paraître dur. Mais c'était pour leur bien aussi. Si tu es capable de marquer à 10 mètres à l'entraînement tu marqueras plus facilement en match à neuf mètres. C'est bien pour tout le monde parce que j'étais à 100 % tout le temps et que quand tu exiges beaucoup de toi, tu as tendance à attendre beaucoup des autres.

Mais, l'entraînement, ça paye. À certains endroits du terrain, j'avais une confiance énorme. Je pouvais dire aux arrières : « À neuf mètres externe, laissez tirer, dans cette position-là. » J'avais le sentiment d'être au sommet de mon art. Il y avait parfois des séances d'entraînement où je ne prenais pas de buts sur de longues séries. Du coup, quand les joueurs m'en mettaient un, ils me chambraient. Cela faisait partie des rites du duel avec le tireur, ce que j'ai adoré, qui m'a fait avancer, qui m'a fait progresser. Parce que, ces duels, je ne supportais pas de les perdre. Chaque but que je prenais était vécu comme un échec.

J'ai eu l'impression de maîtriser tous les contours de mon poste entre 28 et 30 ans. Et, pour progresser, rien ne vaut de jouer. L'entraînement est super important parce qu'il permet d'être performant en match mais, les matchs, c'est la vérité, le côté psychologique, c'est là qu'il se développe. D'ailleurs, à la fin d'une partie, on est psychologiquement vidé. Crevé physiquement, aussi, parce que c'est dur, on est toujours sur nos appuis. On récupère évidemment beaucoup mieux après un bon match mais c'est quand même dur, le lendemain, de se remettre à l'entraînement. Surtout sur la fin de ma carrière, le lendemain, je ne voulais plus prendre trop de tirs, parce que ça demande de te mettre dans un état particulier, j'avais davantage besoin de souffler et moins besoin de m'entraîner dans les cages. En revanche, je travaillais d'autant plus mes gammes avec des petits exercices comme se mettre tout seul face à un mur contre lequel je frappais la balle avec le pied de manière tonique, des petits déplacements où je faisais tomber la balle à droite tout en allant toucher le poteau, et revenir la récupérer avant le deuxième rebond, des « genou-coudes », « pied-mains ». J'avais un petit rituel de travail : des séries que j'avais créées pour moi, à exécuter la veille des matchs pour me dynamiser un peu et travailler naturellement mes déplacements. J'aimais bien aussi, la veille, me mettre au milieu du but et demander à un joueur de me faire cinq tirs à droite, cinq tirs à gauche, à quatre mètres, en bas, et au moment où il déclenchait, me laisser tomber, pour avoir cette sensation de bien glisser. Ce sont des choses qu'il faut entretenir parce qu'à l'entraînement, tu ne te laisses pas forcément glisser avec la même intensité.

Et puis, quand je jouais contre des joueurs qui avaient un tir particulier, je les travaillais à l'entraînement, pour trouver la parade la plus adéquate à effectuer en match. En 2008, en demi-finale contre la Croatie, aux JO, j'allais être opposé à Mirza Dzomba, un ailier droit, gaucher, l'un des meilleurs tireurs de penaltys. Il n'avait pas une gamme énorme, deux tirs à mi-hauteur, à droite et à gauche ou un chabala, mais il mettait un timing particulier. Il retardait énormément son tir, il faisait une feinte, il restait longtemps sur son pied d'appui et il tirait, dans un timing précis. La veille, j'ai demandé à Luc Abalo, qui était au même poste, de me tirer des penaltys pour me faire travailler ce timing spécifique, afin que je ne déclenche pas ma parade trop tôt. Sinon la balle passerait en dessous, ou il me la mettrait de l'autre côté. J'ai demandé à Luc de reproduire ça, d'avoir ces deux impacts-là. Pas le chabala, je me suis dit que je le ferai au feeling, juste les tirs à mi-hauteur. Mon but, c'était de travailler le monté de la jambe le plus tard possible, mais dans le bon timing. Le lendemain, en match, j'en ai sorti deux.

Le gardien de but est un athlète comme un autre

J'ai toujours travaillé physiquement, aussi, parce que ça permet de rester fort dans la tête. Si tu as la condition physique, tu peux rester concentré sur tes parades tout le match. La préparation physique d'avant-saison a toujours été primordiale pour moi. Les gardiens ne sont pas obligés de suivre le même rythme que les autres, ils ont un programme allégé en général. Moi, j'ai toujours voulu rester avec les joueurs de champ. Je voulais montrer que mentalement j'étais prêt à souffrir autant qu'eux, qu'on ne dise pas : « Enfin, toi, c'est facile de faire des arrêts à l'entraînement, t'as rien fait sur la piste le matin. » Je voulais montrer que j'étais solidaire. De toute façon, j'en avais besoin pour être performant toute la saison. Tu es gardien de but, mais tu es un athlète comme un autre. Quand je faisais la comparaison avec les autres gardiens, j'étais devant, j'étais même devant beaucoup de joueurs de champ. Je voulais être dans les premiers. Je voulais être dans les meilleurs. J'ai toujours bien couru. Pour la musculation, c'était un peu différent. Le travail pour le gardien doit s'articuler plus autour de l'explosivité et de la rapidité. C'était quand même important de se sentir fort physiquement dans ses buts.

Encore aujourd'hui, j'aime courir, me faire mal. Même à l'intersaison, je me suis toujours entretenu pour être en forme. Pour être devant à la reprise, aussi ! Il était hors de question que je sois le dernier, je voulais montrer que j'avais bossé. Je prenais 10 à 15 jours de coupure, et, quatre semaines avant de redémarrer la saison, je courais au moins deux ou trois fois par semaine, j'ajoutais une ou deux parties de tennis. Il est important de ne pas se relâcher physiquement. Parfois, quand tu es à moitié endormi sur la plage, avec ta famille, des potes, c'est un peu plus difficile, mais ça faisait partie de ma vie. Et il y a des chances pour que je continue comme ça !

Grâce à cette préparation physique, j'ai rarement été blessé. J'ai très vite eu un côté très pro. La Ligue professionnelle a été créée en 2002, mais moi, j'avais été conditionné bien avant par mon exigence personnelle. Bon, à 18 ans, j'étais étudiant en STAPS, je gagnais un peu d'argent, je sortais, je n'avais pas une hygiène de vie totalement irréprochable, certes. Mais je pouvais d'autant plus me le permettre que je ne jouais que 26 matchs par an. Et puis, à cet âge, tu ne penses pas vraiment que des choses comme ton alimentation peuvent avoir un impact direct sur tes performances, notamment parce que, quand t'es jeune, tu ne prends pas de poids. J'ai commencé à faire attention naturellement, vers 28 ans. J'ai arrêté d'aller au fast-food, j'ai appris à aimer les légumes. Si j'ai toujours fait attention à mon corps, sur les sept, huit dernières années, j'y faisais vraiment très attention. Au fur et à mesure, j'ai mis en place un protocole de renforcement pour durer. Passé la trentaine, on sent qu'il faut s'entretenir et on sait qu'on est plus exposé aux blessures. Avant les entraînements, je faisais un petit échauffement musculaire par exemple, et comme à Kiel puis au PSG il y avait toujours des kinés à disposition, j'y allais tous les jours. Même si je n'avais rien. Je passais 30 à 40 minutes sur la table du kiné. Je prenais le temps d'y aller, même si, parfois, j'aurais préféré rentrer chez moi après les entraînements. Bon, privilège de l'âge et de l'ancienneté, j'avoue que je passais très souvent parmi les premiers.

Match contre la blessure

J'ai tout de même été blessé. La plus grave blessure fut une désinsertion du biceps brachial au niveau du coude gauche, à Montpellier. Le 12 octobre 2013 précisément, à trois mois de l'Euro. J'étais désespéré. Pour moi, rater une compétition internationale, c'était la fin du monde. Et il est bien possible que je sois assez pénible quand je suis blessé... Comme les médecins m'avaient dit que j'en avais pour « six semaines sans bouger », je ne faisais rien. Je restais assis, le bras en écharpe, et j'attendais. Le mot « Euro » clignotait dans ma tête. Tout le monde me répétait que ce n'était pas possible, que j'en avais pour trois mois, je pensais personnellement que ça pouvait être jouable. J'en avais parlé avec le médecin de la fédé : « Pour l'instant, il n'y a aucune chance mais si, dans deux mois, ça avance bien, on en reparlera. »

Je me fais opérer 12 semaines avant le début de la compétition et je me refuse à penser que je ne serai pas à l'Euro. Bien sûr l'espoir est mince mais je sais aussi que j'ai besoin de me fixer cet objectif pour garder le moral. J'entame donc ma rééducation avec Alain Carmand et dès que j'ai l'autorisation de pouvoir reprendre une activité et des exercices physiques, je suis le protocole à la lettre. Je me souviens de mes premiers footings où cela me tirait tellement dans le bras que je me demandais si la douleur allait disparaître un jour. S'entraîner tout seul avec le préparateur physique et faire des entraînements avec les jeunes du centre de formation pour essayer de revenir au plus vite était mon quotidien. Et j'en ai reparlé avec le médecin fédéral et l'Euro, je l'ai fait. Et on l'a gagné.

L'entraîneur fait partie du jeu

Il y a ce que l'on fait seul et ce que l'on fait sous la houlette d'un entraîneur. Pour moi, ils ont tous compté. Bien sûr, il y en a avec lesquels j'ai vécu plus de choses et plus longtemps qu'avec d'autres. Avec Claude Onesta, le deuxième sélectionneur que j'ai eu en équipe de France, par exemple, j'avais une relation particulière. Pourtant, quand il est arrivé, il m'a fait repartir de zéro mais une confiance mutuelle s'est installée au fil des années, un échange constant. Il s'est appuyé sur moi et à la fin, il m'a même nommé capitaine. Quand un coach te fait confiance, tu essaies d'être équitable en étant performant.

Mes entraîneurs n'étaient pas d'anciens gardiens et donc ne m'ont pas forcément fait progresser à mon poste à proprement parler, mais sur moi, sur la question du leadership, par exemple, sur ce que je pouvais apporter en dehors de mes arrêts. Dès Sélestat, les coachs suisse et roumain que j'ai eus m'ont appris des choses différentes de ce que j'avais connu avec la formation de l'école française, (qui est d'ailleurs une très bonne école). Quand j'avais 19-20 ans, le second, Radu Voina, était un entraîneur un peu à l'ancienne. Quand tu étais dans les buts, et que tu le voyais arriver pour une séance spécifique, tu savais que ça n'allait pas être une partie de plaisir et que tu étais parti pour une session un peu plus poussée qu'habituellement. Mais j'aimais ça, d'autant qu'à l'époque et encore aujourd'hui, les exercices spécifiques et les entraînements de gardiens de buts ne sont encore que trop rares dans la planification d'une semaine d'entraînement. Pour un de ses exercices, une colonne de joueurs tirait à droite. Lui, il restait à côté du poteau gauche. Il tenait une corde avec une balle de hand attachée au bout, et il l'envoyait sur moi. Je devais la stopper et enchaîner avec l'arrêt de l'autre côté. Et puis pour m'échauffer, il tenait la corde plus court pour me taper sur tout le corps. Mais ce n'était pas gratuit, ça fait progresser, combattre la peur du ballon. Enfin, pour moi, ça n'a jamais été un frein.

À Montpellier, j'ai appris l'exigence du très haut niveau au contact de Patrice Canayer, le fait qu'à chaque match tout peut être remis en question. C'est pour ça que, même quand je sortais d'une ou deux bonnes perfs, si, derrière, j'en faisais une mauvaise, j'avais l'impression de repartir à zéro. Le fait de se dire que chaque match est différent, qu'il a sa propre histoire et que tout peut changer d'un match à l'autre. Cela m'aura énormément fait progresser.

À Kiel, Zvonimir « Noka » Serdarušić m'a recruté. Il m'a entraîné pendant deux ans puis je l'ai retrouvé à Paris. Il y avait deux autres gardiens mais il m'a lancé alors, je me devais de lui rendre la confiance qu'il m'avait accordée. Lui avait une vision assez poussée du poste de gardien. Parce qu'il était un entraîneur expérimenté et qu'il venait d'un pays où le poste est mis en valeur. Il y a une grosse formation de gardiens en ex-Yougoslavie, et il avait énormément appris en échangeant avec nous. On n'était pas d'accord sur tout. Quand j'ai signé, j'avais 29 ans et j'avais déjà fait mes preuves, mais je savais que je n'étais pas non plus à mon maximum, j'avais toujours envie de progresser donc, tout ce qu'on me disait, je le prenais et je m'en servais. Enfin, ce que je pensais être bien.

Quand Noka est parti de Kiel, c'est Alfreð Gíslason qui nous a entraînés. Un Islandais. Notre relation a été très forte. Cela a été une super expérience. Il avait une vision de la construction de la semaine complètement différente. Il nous donnait un jour de repos deux jours avant le match, mais le lendemain matin, on avait une grosse séance de musculation en guise de récupération. Ça s'est révélé intéressant, c'était une autre façon de fonctionner. Il a fallu que le corps s'habitue, mais cela a fait ses preuves. Alfred estimait que le lendemain d'un match, on était encore au top de notre état de forme alors que, deux jours avant la rencontre suivante, il fallait être en récupération pour que le corps remonte à son pic le jour J. Pour moi, il était nécessaire que cela soit justifié. Pour n'importe quel exercice. Même à la fin de ma carrière, je voulais savoir. Si le préparateur physique donne des exercices de muscu sans t'expliquer pourquoi, s'il te dit : « Tu fais ça parce qu'en fonction du moment de la saison, il faut travailler la force/l'explosivité/la masse », c'est OK.

Pour moi, l'entraîneur et les joueurs faisaient partie d'une seule et même équipe, avec un objectif commun. À Kiel, dans le car, j'étais assis devant, à côté du coach, de l'autre côté de l'allée. Bon, quand on perdait, c'était le monde du silence, mais avec le capitaine, Marcus Ahlm, on avait une relation plus particulière avec Alfred. Il nous demandait notre avis sur certains points. Assez rapidement, à cause de mon statut, par ce que je dégageais, par mon poste, aussi, qui fait que l'on voit les choses différemment du reste de l'équipe, j'ai été amené à beaucoup parler, à être le relais des entraîneurs, ils me consultaient. De toute façon, j'ai toujours aimé m'impliquer dans le projet du club, de l'équipe. C'est venu de l'époque à Montpellier où l'on parlait tous ensemble, sans arrêt, de tout ce qu'on pouvait améliorer.

En équipe de France, à mes débuts, Daniel Costantini m'a dit que, au niveau international si tu déclenches ta parade trop tôt, le joueur le verra et changera son tir. Cela m'a suivi toute ma carrière. C'était dans ma tête. Tous les conseils ou les remarques qui me semblaient utiles je les gardais. Il y en a eu plein d'autres de la part de Claude Onesta, son successeur, aussi, qui m'ont marqué. Quand il m'a dit : « Je veux que tu joues comme à Kiel pour que l'équipe de France gagne. » Cela m'a touché, m'a donné de la confiance. Parce que ça veut dire qu'il te suit, qu'il sait que tu joues bien, qu'il va compter sur toi. Je n'avais pas besoin qu'on me parle beaucoup mais une phrase de temps en temps, juste quelques petites marques qui te confortent dans ce que tu fais, que c'est juste, c'est important pour l'équipe, ça permet de se sentir bien. N'importe quel sportif de haut niveau aime voir se concrétiser, dans le discours d'un coach, une forme de reconnaissance.

Je me servais aussi des moments plus difficiles, les fois où je ne commençais pas par exemple, par choix de l'entraîneur ou après une contre-performance sur le match précédent, notamment à mes débuts à Montpellier. Quand je rentrais en cours de match, je voulais montrer que le coach s'était trompé. On préfère également toujours lire qu'on a fait un bon match. Et, même si cela fait partie du jeu, quand on l'est moins ou qu'on rate un match, c'est toujours plus difficile à entendre ou à lire.

Toutes ces choses m'ont aidé à rebondir, donné la volonté de prouver, d'inverser une tendance. Et je suis persuadé que ce trait de caractère prend sa source très tôt, dans le plus jeune âge. L'adversité m'a toujours motivé.

CHAPITRE 5

LES BLEUS, UNE ÉQUIPE POUR LA VIE

Je suis chez mes parents quand je reçois l'appel de Daniel Costantini. Je savais que ça pouvait arriver, le président de Sélestat m'avait prévenu. Nous sommes en mai 1999, après le Championnat du monde où les Français viennent de se qualifier pour les JO. Il y a deux ans que je ne suis plus en équipe de France Espoirs et, pendant ce temps, des joueurs de ma génération sont passés en A. Guillaume Gille, le plus précoce, puis Didier Dinart, Jérôme Fernandez, Yannick Reverdy, Semir Zuzo. Ensemble, on avait fini quatrième au Championnat d'Europe 1996 et troisième au Championnat du monde 1997 en espoir, c'étaient de belles aventures, j'avais envie de vivre la même chose au niveau au dessus, je pressentais que ce serait encore plus fort. Et puis je commençais à m'installer en première division, à être régulier. Même si je savais que gardien est un poste à part, à maturité plus tardive, et que, pour un coach il est plus dur de faire confiance à un jeune. Mais, de voir tous mes potes en équipe de France me poussait à en faire un objectif à court terme.

Ce jour-là, mon téléphone – c'était le début des portables – sonne. C'est Daniel Costantini, le sélectionneur de l'équipe de France. Il m'annonce qu'il me prend pour le stage de fin août, trois semaines de préparation pour les matchs de qualification pour le Championnat d'Europe. Il rappelle Bruno Martini, après deux ans de pause, et Christian Gaudin, le numéro 1, qui venait de faire un très bon Mondial 1999. J'ai 22 ans et l'équipe sort d'un Mondial où elle termine à la sixième place assurant ainsi sa qualification pour les JO de Sydney. Daniel souhaite également un troisième gardien plus jeune pour commencer le renouvellement à ce poste.

L'effet *Marseillaise*

Je raccroche. Je suis dans ma chambre, je ne sais même pas trop comment descendre l'annoncer à ma famille, je n'arrive pratiquement pas à parler : je vais partir avec l'équipe de France. Je me souviens qu'il y a eu beaucoup d'émotion. Pour moi, c'est la plus belle équipe pour laquelle l'on puisse jouer. Porter le maillot de ton pays, le représenter, ça veut dire quelque chose. Chaque *Marseillaise*, je l'ai chantée, parce qu'elle constituait une vraie fierté pour moi, pour ma famille, etc. Et puis, sportivement, c'est l'objectif le plus haut, le plus difficile à atteindre alors j'étais très heureux que ça arrive en tant que joueur de Sélestat, ça récompensait aussi les efforts de formation du club.

J'ai mesuré tout le chemin parcouru pour en arriver là, pour figurer dans cette sélection des meilleurs joueurs français. Quand tu enfiles ce maillot, il n'y a plus de Montpellier, de Paris, de Chambéry, de Dunkerque, il n'y a plus qu'une équipe, celle des Français. D'ailleurs, à mes débuts, il y avait une grosse prédominance de joueurs de Montpellier et de Chambéry, qui se battaient toute la saison pour le titre mais, quand on se retrouvait pour des stages, il n'y a jamais eu de rivalité. Juste de la fierté. J'ai toujours ressenti une joie immense à porter ce maillot. Ce maillot représente tellement de choses... À l'époque, notamment, on a en tête le parcours réalisé par nos aînés, les Bronzés, les Barjots, champions du monde en 1995. Derrière eux, tu as envie d'être à la hauteur, d'écrire ton chapitre de l'histoire. Enfin, quand je suis arrivé, je me suis surtout dit : « Profite, parce qu'il n'est pas dit que ça se reproduise ! » À aucun moment je n'aurais imaginé rester 18 ans en Bleu !

Je rejoins donc l'équipe de France où je connais déjà beaucoup de monde, et on dispute le challenge Georges-Marrane. Il manque quelques joueurs qui évoluent à l'étranger, dont Christian Gaudin. Le challenge se passe plutôt bien pour moi. Ce ne sont pas vraiment mes premières sélections, parce qu'on jouait contre des équipes de club : Veszprém, qui était presque la réplique de l'équipe de Hongrie et Dunkerque, contre qui je fais un super match. En finale, on joue contre les Slovènes de Celje. En première mi-temps, on n'est pas bon, j'entre après la pause et ça se passe plutôt bien. Sauf que je prends une balle dans la tête. Comme je saigne du nez, je dois sortir, Bruno entre et arrête tout. Pourtant je ne veux qu'une chose, y retourner ! Au bout du banc, je trépigne. Je me dis que c'est mort et que je ne vais pas rester dans le groupe qui partira aux qualifications pour l'Euro 2000. Mais Daniel décide de prendre trois gardiens. À l'origine, il ne voulait emmener que deux gardiens, mais il a finalement changé d'avis sans doute suite à ce que j'avais montré sur le terrain, en matchs, et durant les entraînements.

On part rencontrer la Roumanie, à Oradea, là où s'étaient déroulés les Championnats d'Europe Espoirs de 1996. On savait que ça allait être intense. Même si la Roumanie était moins forte que dans les années 1970-1980, il restait de très bons joueurs, et c'est un pays qui a une vraie culture de hand. L'ambiance allait être chaude, on savait que c'était un match aller-retour qu'on pouvait perdre. À l'époque, on est 12 sur la feuille de match. Je ne suis pas dans les 12. Il y avait du monde, de l'ambiance, j'étais sur le bord du terrain, je n'avais envie que d'une chose : y aller ! Mais je respectais évidemment le choix du coach. Tu arrives et tu fais tout à l'entraînement pour montrer que tu pourrais jouer. Tu respectes les anciens, point. D'ailleurs, je n'avais pas à me forcer. Les « étrangers » étaient arrivés juste avant ce match, et je rencontrais Jackson Richardson pour la première fois. Quand je l'ai salué, j'étais tout intimidé, un peu comme un fan. C'était la star du hand français, du hand mondial même. Jouer avec lui, c'était énorme.

On gagne le premier match 22-15. Pour le retour, on va à Dijon. Le 19 septembre 1999. Je le sais parce que c'est écrit sur les cartes de dédicaces, et aussi parce qu'on n'oublie pas la date de sa première sélection. Dijon, ce n'est pas très loin de chez moi, je sais que la famille sera là. J'avais beau avoir déjà chanté *La Marseillaise*, en Espoirs, cette fois, l'émotion n'a pas été la même. J'entre à la mi-temps. Je dois faire neuf ou 10 arrêts, dont un penalty sur le tireur qu'on avait étudié avec Christian Gaudin. Je suis entré en équipe de France ce jour-là et je n'en suis plus jamais ressorti. Même si j'ai dû batailler pour gagner ma place. Et la conserver.

L'apprentissage d'un Bleu

Dans la famille des petits nouveaux, à l'hiver 2000, il y a Daniel Narcisse, aussi. On fera quasiment toute notre carrière ensemble. On a arrêté l'équipe de France en même temps et il est arrivé trois mois après moi. Mais ils sont essentiels, ces trois mois : c'est celui qui a le moins de sélections qui s'occupe de porter les ballons, du coup, je ne l'ai fait que quelques semaines. Lui, en revanche, il a dû attendre un peu avant qu'un nouveau arrive !

Avec Daniel, on va passer l'intégralité de l'Euro dans les tribunes. Pas une fois on est dans les 12. On est là pour apprendre. Nous ne ressentions aucune amertume, on savait qu'on était les petits jeunes et ce fut très instructif de voir comment vivait un groupe dans une grande compétition internationale. La gestion des victoires, des défaites, fréquenter les autres équipes, les meilleurs joueurs du monde. Même sans être sur le terrain, on apprend beaucoup.

On s'entraîne et on regarde les matchs, toujours tous les deux. Il y avait pratiquement nos noms à nos places dans les tribunes ! Sur le coup, ce n'est pas non plus toujours évident d'être dans le public tout le temps. On est jeune, mais on est ambitieux. C'est l'équipe de France, tu es au Championnat d'Europe, c'est déjà énorme de participer à l'aventure avec cette équipe-là. Alors, à l'entraînement, j'étais toujours impliqué. Parfois, on s'entraînait à quatre, cinq, six. Comme Bruno et Christian jouaient beaucoup, je les remplaçais à l'entraînement pour que les joueurs puissent faire des séances de tirs, j'essayais d'être au service du collectif, de faire travailler les joueurs. J'étais content d'être là, j'avais envie d'être utile à l'équipe.

Cet Euro est très important pour la qualification aux Jeux. La Croatie, championne en titre, n'est pas encore qualifiée et l'Euro est organisé là-bas, dans un pays où la culture du hand est très forte. Notre dernier match de poule est contre... les Croates, à Rijeka. Nous, on est déjà qualifié pour le tour suivant, mais eux doivent gagner pour aller en demi-finale. À l'hôtel, à 3 heures du matin, le téléphone se met à sonner dans les chambres. Tout le monde se réveille... Un petit salut amical des supporters ! Quant à la salle, elle était petite, elle ne devait pas pouvoir contenir plus de 3 000 personnes, mais c'était très chaud. On n'a jamais craint pour notre sécurité, mais j'avoue que c'était impressionnant. Ça a chanté, crié, sifflé, pendant les 60 minutes, je n'avais jamais vécu un truc pareil ! J'ai réalisé la ferveur qui existait autour de cette équipe. J'aurais l'occasion de le vérifier à de nombreuses reprises, car les France-Croatie deviendront un classique dans le handball international. On se qualifie pour la demie alors qu'on ne l'avait pas vraiment envisagé, l'équipe a été rajeunie et Jérôme Fernandez n'est pas là, forfait de dernière minute juste avant le départ pour l'euro. On perd, contre la Russie mais, à l'époque, la Russie et la Suède trustaient les finales ! On perd aussi le match pour la troisième place mais c'est quand même le meilleur classement de l'équipe de France. L'Euro n'a été créé qu'en 1994, et c'est une compétition qui ne lui réussit pas, elle a toujours fini septièmes ou huitièmes sur les éditions précédentes.

On va assister à la finale. D'un côté, il y a Andrej Lavrov, de l'autre, Tomas Svensson et Peter Gentzel. Des monstres. À ce moment-là, ce sont trois des cinq meilleurs gardiens du monde, sans doute les trois meilleurs. Je les regarde et ils me semblent être à un niveau auquel je suis loin de m'approcher. En les voyant, eux, et les joueurs de champ, je me dis qu'il y a encore du boulot avant d'appartenir à cette caste-là.

Je fais une bonne deuxième partie de saison. Faire partie du groupe France m'a apporté de la confiance, m'a montré où je voulais aller. Me rendre compte du niveau des compétitions internationales m'a également donné envie de travailler encore plus et de progresser pour atteindre ce niveau.

Privé de Jeux

À la fin de la saison, je repars avec l'équipe de France à Vittel pour six semaines de préparation olympique. Les joueurs qui évoluent en Allemagne, ne sont pas là, pas de Christian Gaudin, juste Bruno et moi. Les Jeux, c'est le rêve. Aller aux Jeux, quand on est sportif, c'est quelque chose de magique. J'espérais tellement y aller. En 1996, le groupe était composé de 16 joueurs, dont trois gardiens. En 2000, le quota passe à 15, donc le coach dit qu'il n'en prendra que deux. Je viens de comprendre que ça va être dur. Je ne lâche rien, mes matchs de préparation se passent bien, mais je sens bien que ça va être compliqué, et qu'à moins d'un énorme retournement de situation, je n'irai pas. J'étais assurément à l'affût du moindre indice mais j'avais l'impression que Daniel le sous-entendait par des petites piques. Avant le premier match, contre la Slovaquie, par exemple, il lâche : « On va commencer avec Titi et, après, on fera entrer le gardien olympique. »

Mais il n'a jamais remis en cause la qualité de ce que je faisais. Il était conscient de ce que je montrais tous les jours. N'empêche, à la fin des matchs de prépa, une réunion est organisée dans une salle de l'hôtel. Je ne me souviens plus de la ville, mais j'ai encore des petits flashs. Daniel est devant nous, il va annoncer la liste des joueurs. Il commence par les gardiens de but. Il avoue que les dés étaient pipés dès le départ, que ce sont les deux anciens qui partent. Puis il passe à tous les autres joueurs un par un : « J'ai décidé de te sélectionner, j'ai décidé de ne pas te sélectionner. » C'est une expérience assez particulière. Dès que c'est fini, tu sors, parce que les larmes montent. Je n'avais jamais disputé de compétition internationale, ce n'était pas irrespectueux de la part de Daniel, et puis je m'y attendais, mais, à partir du moment où c'est annoncé, tu passes dans le concret : tu ne fais pas les Jeux. Même si j'avais compris assez vite, jusqu'au dernier moment, il reste un petit espoir insensé. En plus, juste après, il y avait l'EuroTournoi, à Strasbourg, donc chez moi, mais Daniel me dit : « J'avais pensé finir la préparation avec trois gardiens parce qu'on ne sait jamais mais finalement non. » Donc adieu l'EuroTournoi aussi, et retour à Montpellier.

Tout ce que je pouvais me dire, c'est que je n'avais aucun regret, que j'avais tout fait bien. La déception est immense mais je sais aussi que c'est la règle du jeu. Enfin, sur le coup, tu peux trouver ça injuste ! Mais ces moments m'ont fait avancer. Ils m'ont aussi fait dire, qu'à chaque fois, même en 2004, même en 2008 : « Mets ce qu'il faut pour ne pas rester sur le carreau lors de l'annonce. » Même si, avec le temps, tu sais que des joueurs sont plus en danger que d'autres, je ne me suis jamais senti complètement à l'abri. Une fois champion olympique, ayant acquis un certain statut dans l'équipe, c'était peut-être un peu différent, même sachant que, sauf blessure, il y avait de grandes chances que je sois sélectionné, je commençais toujours la prépa en me disant qu'il fallait que je leur prouve que je méritais d'y aller. L'an 2000 avait laissé des traces.

Ce sont des moments compliqués. Après l'annonce de Daniel, je n'étais pas bien, mais le fait d'arriver dans un nouveau club, à Montpellier, m'a évité de gamberger, ça m'a permis de me fixer un nouvel objectif. Être obligé de s'intégrer, de faire ses preuves aide à tourner la page. Je me levais le matin pour regarder les matchs. J'étais spectateur, supporter forcément, c'étaient mes potes. Je les avais appelés juste avant le départ pour leur souhaiter bonne chance. À l'époque, on ne pouvait pas rester en contact permanent, il n'y avait pas de WhatsApp, pas de réseaux sociaux. On avait des portables, mais pas de forfaits illimités, tu n'appelais pas deux heures par jour à Sydney !

Avec le recul, le choix était logique : Christian et Bruno avaient déjà fait les Jeux, et, les Jeux, c'est une expérience particulière, et puis les deux étaient plus que légitimes, ils avaient autour de 200 sélections ! Moi, j'en avais une poignée, j'étais arrivé un an avant. D'autres joueurs qui n'avaient pas été pris pouvaient être plus amers que moi. Je me remobilise immédiatement parce que le prochain Championnat du monde arrive vite et il se déroule en France. J'ai raté les Jeux, OK, mais le Mondial, je veux en être !

Sur le toit du monde

Les Jeux de Sydney ne se passent pas très bien. La France est sortie en quart par la Yougoslavie. Quand on se retrouve en décembre 2000, pour la préparation du Mondial, Daniel nous dit que, après ce qu'il s'est passé à Sydney, ce sera sa dernière compétition, qu'il est là pour nous accompagner et modifie quelque peu son management, qu'il nous laisse plus maîtres du jeu. Moi, je n'ai pas vraiment senti une grande différence. Non seulement j'étais jeune, mais j'étais gardien, je n'étais pas vraiment concerné. Si ce n'est que, vu ce qu'on montrait en club, il nous annonce que les trois gardiens partent sur un pied d'égalité, et qu'en phase de poule, on allait jouer tous les trois.

Je suis aligné contre l'Argentine et le Brésil. Ça se passe plutôt bien. Le quatrième match, contre la Yougoslavie, est important. On sait depuis le début qu'il est déterminant selon que l'on finisse premier ou deuxième de la poule. Daniel fait l'annonce le matin à l'entraînement. Il me sort. La déception est grande. C'est le match que tout le monde voulait jouer. C'est à Nantes, il y a une *Marseillaise* de folie, une ambiance de feu. C'était vraiment un super match. Dans les tribunes, j'avais des frissons ! On gagne de deux buts.

En huitièmes, on va à Albertville, pour rencontrer le Portugal. C'est à côté de Chambéry, une terre de hand, on sait que ça va être fou. On réalise l'engouement autour de nous, on le sent, et on a un objectif : on veut aller à Bercy, on veut aller en demi-finale !

En attendant, on n'a pas le droit à l'erreur. Le match est tendu, c'est Bertrand Gille, le pivot, qui passe sur la base arrière et qui fait la différence. Moi, je ne joue pas sur ce match et on l'emporte 23-18.

Le lendemain, en quart, l'Allemagne nous attend. Cette fois, c'est un gros match, avec des stars, Stefan Kretzschmar, Christian Schwarzer, etc. Le coach me dit le matin, que je suis dans les buts avec Bruno et que je vais commencer. C'est un Championnat du monde, en France, un quart de finale, la pression monte en flèche ! Mais j'ai toujours aimé ça. La pression me permettait de réussir des choses dont je ne me croyais même pas capable. Avant le match, j'échange beaucoup avec Christian Gaudin. Il évolue en Bundesliga, il connaît tous les joueurs, notamment Kretzschmar, l'ailier gauche, star de l'équipe, qui joue avec lui à Magdebourg. J'arrête un de ses tirs quand il est tout seul sur l'aile. Je fais une très bonne première période et, à la mi-temps, je reste, mais Daniel me sort au bout de cinq minutes. N'ayant pas réussi à repartir sur le même rythme

C'est un match dur. On est menés d'un but à 10 secondes de la fin. Schwarzer, le pivot marque. On engage rapidement et Jack marque à la dernière seconde, poteau rentrant. Prolongation. Moi, sur le banc, j'étais à fond. « Kiki » Gaudin me dit : « Reste concentré, on ne sait jamais. » Bruno fait le boulot et on gagne 26-23. On a réussi on y est, à Bercy !

Quand on est arrivé à Paris, on lisait tous *L'Équipe*. Il y en avait des pages et des pages, on faisait la une. Sur le périphérique, une escorte de policiers nous ouvrait la route. Aujourd'hui, c'est assez courant, mais là, voir tout le monde s'écarter devant nous c'était assez dingue. D'autant plus que, maintenant, il est écrit partout équipe de France sur les cars, mais, à l'époque, c'était un bus normal !

En demi-finale, on doit rencontrer l'Égypte qui a sorti la Russie, à la surprise générale. Une équipe qu'on avait jouée l'année d'avant au tournoi de Bercy. On avait suivi leur quart contre la Russie, ils étaient bons à tous les postes, mais on se disait quand même que ce n'était pas les Russes, qu'ils vivaient leur première demi-finale, qu'on était chez nous… Le match est serré. +1, égalité, −1, égalité… Leur gardien est monstrueux depuis le début de la compétition, il est à plus de 40 % d'arrêts. Mais on finit par gagner. On court tous sur le terrain, on se saute dessus. J'étais comme un fou. J'avais 24 ans, une vingtaine de sélections, et j'étais en finale du Championnat du monde, chez moi. Là, Christian Gaudin m'attrape et me dit : « Reste concentré, reste prêt, prépare-toi, ce n'est pas fini, il y a des chances que tu la joues, la finale. » Il connaissait très bien la façon de penser de Costantini, et il était conscient que peut-être sa performance du jour, moyenne, cumulée à ma bonne première mi-temps contre l'Allemagne et mon bon début de Mondial pouvaient amener Daniel à me faire confiance pour la finale.

La finale se déroule le lendemain. On était au Sofitel de Bercy. Pendant la réunion, le coach annonce que, dans les buts, ce sera Bruno et moi. C'est un choix difficile. Moi, je réalise que je vais jouer la finale du Mondial en France, devant ma famille, mes frères, Laurence qui deviendra ma femme. Autant dire que, pendant la sieste, je n'ai pas dormi ! Je voulais juste que le match démarre.

Le 4 février, j'entre sur le terrain de Bercy, une salle mythique pour les handballeurs, et je me souviens que l'année d'avant, lorsque j'étais entré pour la première fois sur le terrain, contre l'Égypte, je m'étais dit : « Si seulement, dans un an, je pouvais être ici pour la finale du Championnat du monde... » Et j'y étais. Je marchais pour aller à la présentation des équipes, pour aller chanter *La Marseillaise*. J'y étais.

On joue contre la Suède, la grande équipe des années 1990, championne en titre, avec toutes ses stars. C'est moi qui commence. On met un but, deux buts, trois buts. Tout le public chante : « Et 1, et 2 et 3-0. » J'ai revu le match il n'y a pas longtemps avec ma fille : la première mi-temps est plutôt bonne. À la mi-temps, le coach me dit que c'est bien, mais que Bruno rentre pour la deuxième mi-temps.

On est mené, on remonte. À 10 secondes de la fin, Lövgren marque. Bruno relance vite, Greg Anquetil part sur son aile et va marquer sur le gong. Prolongation. Patrick Cazal qui s'était blessé pendant le match revient la cheville bandée. Fernandez est très bon, Bruno sort un penalty de Vranjes à une minute de la fin qui scelle la rencontre. Il y a une photo de moi sur le banc où je tombe dans les bras de Daniel. On est champions du monde. Je n'ai jamais rien gagné et je commence par un titre de champion du monde. Je n'arrive pas à réaliser. Tu es chez toi, tu as tout le public avec toi, ta famille, tous les gens qui ont contribué à ce que tu arrives là, même mon entraîneur de sport-étude était là ! Après, j'étais avec mon frère Christian et je lui répétais : « Je suis champion du monde. » Tu le sais mais tu ne réalises pas ce que ça signifie. Je me souviens que Bruno Martini me dit : « Tu sais, on n'est jamais champion du monde par hasard. » Alors, quand tu es double champion du monde comme lui... En plus, je le devenais avec des joueurs qui avaient été sacrés en 1995, les deux gardiens, Cazal, Anquetil et Richardson, etc.

On va à l'Élysée où nous sommes reçus par Jacques Chirac, on est décorés. Les doubles champions du monde reçoivent la légion d'honneur, nous, le titre de chevalier de l'ordre du mérite. Et ça ne s'arrête pas. Tu fais la fête à Paris, OK, mais, ensuite, tu prends l'avion pour Montpellier, les supporters sont à l'aéroport. On nous demande d'attendre dans l'avion, de sortir les derniers, on se demande ce qui va se passer et, en sortant, on voit plein de monde. Il y a foule aussi sur la place de la Comédie. Et où que tu ailles jouer en club, encore et encore, on te congratule.

À la reprise de la saison, j'étais encore dans l'euphorie. Mais ce titre n'était pas un aboutissement. Je voulais continuer et montrer que le statut que j'avais désormais était mérité. Ce n'était que le début. L'équipe de France était la meilleure du monde, mais, moi, je ne pensais pas être le meilleur gardien du monde, je savais que je pouvais m'améliorer encore. En finale, en face, Gentzel fait 26 arrêts, il est à près de 50 %. Moi, je fais un bon match, ce n'est pas le problème, mais je sais que je peux faire beaucoup mieux. Moi, ce que je veux, c'est rester. C'est vivre encore ça. Quand tu goûtes à un tel moment de joie et de bonheur... J'en veux plus.

Claude Onesta entre en scène

« Le seul qui n'est pas champion du monde ici, c'est moi ! » C'est une des premières phrases de Claude Onesta qui vient de succéder à Daniel Costantini. N'empêche. Il va falloir que je lui prouve ce que je vaux. Pour les Jeux méditerranéens, en Tunisie, il me sélectionne, avec deux autres jeunes, Nicolas Lemonne et Yohann Ploquin, pour laisser les anciens au repos dans l'optique de l'Euro 2002 où je ne jouerai quasiment pas. Quand j'entre, lors de cet Euro, je ne suis pas bon : contre les Croates, je fais un arrêt en 10 minutes. Contre la Slovénie, Claude me met sur la feuille, je me dis que je vais jouer et je ne joue pas. On finit sixièmes. Une compétition à oublier pour moi mais certainement fondatrice également.

À la sortie de ce Championnat d'Europe frustrant à titre individuel, je me disais que ce n'était que le début, que Claude faisait confiance aux anciens, mais j'avais du mal à comprendre parce que j'avais été plutôt performant au Mondial. Peut-être me manquait-il quelque chose dans ce que je dégageais, peut-être qu'il était légitime que je ne joue pas, mais un joueur a du mal à l'entendre. Ce fut un moment compliqué pour moi, l'impression de repartir de zéro. J'avais juste à retourner au travail et faire en sorte de gagner du temps de jeu. Et puis ça se passait toujours très bien avec eux. Bruno et Christian m'ont appris énormément de choses. J'étais le petit jeune, ils m'ont pris sous leur aile, j'ai tout de suite été intégré, je n'ai jamais senti de défiance. Je pense qu'ils voyaient aussi que je les respectais, que j'avais envie d'apprendre, que je ne déboulais pas en disant : « Salut les vieux, je vais prendre votre place. » Je voulais montrer de quoi j'étais capable. C'étaient des gardiens que j'avais admirés, que j'avais vu à la télé, j'étais vraiment demandeur de conseils à leur contact.

Mais, à travers ces épisodes où j'ai dû faire et refaire mes preuves, ce n'est pas une coquetterie de dire que je n'ai jamais considéré l'équipe de France comme un acquis. Je me suis longtemps dit que si je voulais être rappelé, j'avais intérêt à assurer en club.

Assurer la relève

En 2003, Claude Onesta me sélectionne avec Bruno Martini pour former la paire de gardien sans appeler Christian Gaudin. Il choisit Yohann Ploquin comme troisième gardien, mais il ne sera pas sur les feuilles de match.

À ce moment-là, c'est quand même un choix fort et je me sens redevable non seulement de cette confiance qui m'est témoignée mais aussi investi d'une mission qui est de montrer sur le terrain que ce choix est le bon.

Le Championnat du monde se déroule plutôt bien même si on perd contre la Croatie en poule. J'enchaîne des bonnes performances et notamment un très bon match contre la Russie et nous nous qualifions pour le tour principal. Nous éliminons la Suède et nous qualifions pour les demi-finales où l'Allemagne se révélera plus opportuniste que nous, avec un Henning Fritz qui sera à la limite de la provocation à chacune de ses interventions. On arrive tout de même à se remobiliser et à décrocher une belle médaille de bronze.

On a alterné dans les buts en fonction des matchs et au terme de la compétition, Bruno annonce qu'il met un terme à sa carrière en équipe de France. En très peu de temps les deux gardiens doubles champions du monde ne sont plus là. Ils m'auront beaucoup appris et cette phase d'apprentissage me sera très utile pour la suite de ma carrière.

En 2004, pour l'Euro en Slovénie je me retrouve donc dans le rôle du gardien le plus expérimenté à côté de Yohann Ploquin et de Nicolas Lemonne.

La compétition, comme très souvent à cette époque pour un Championnat d'Europe ne se déroule pas comme nous l'entendions et on se fait éliminer au tour principal.

Pour les Championnats du Monde 2005, qui seront les derniers de Jackson Richardson, on est au bord de l'élimination en phase de poule après avoir perdu contre la Grèce. On arrache le nul contre la Slovénie et seule une victoire de la République tchèque, qui est déjà éliminée de la compétition, contre la Grèce nous qualifierait pour les demi-finales. Elle gagne et nous retrouvons les Croates dans ce qui deviendra un classique de cette première décennie des années 2000.

On perd sans vraiment avoir pu espérer quoi que ce soit et pour ma part après de bonnes performances, je rate mon match, on prendra 35 buts. Je me sens responsable de ne pas avoir pu aider plus l'équipe, même si ce jour-là l'équipe de Croatie nous était supérieure, j'ai le sentiment de ne pas avoir été à la hauteur. J'aurais ma revanche à l'Euro 2006. Je me sers de la frustration de cette défaite et de ma contre-performance pour me reconstruire et être performant. Il faut dire que, à ce moment-là, j'ai la sensation que les demi-finales ne sont pas pour moi. Deux défaites en demi-finale avec les Espoirs à l'Euro 1996 et au Mondial 1997, je n'ai pas joué celle du Mondial 2001, et les demi-finales en 2003 et 2005 ont été perdues sans que je ne puisse inverser la tendance.

Avant l'Euro 2006, Claude vient me voir et m'apprend que je vais être numéro 1. Il nous convoque tous les trois dans sa chambre avec Yohann Ploquin et Daouda Karaboué et annonce : « C'est Thierry qui va être le gardien titulaire et qui aura la responsabilité du poste. » L'Euro a lieu en Suisse, pas loin de chez moi, je me sens comme à la maison. Claude me glisse : « Je veux que tu joues comme à Montpellier. » C'est vrai que je faisais une super première partie saison. Et je me souviens que Jackson avait dit dans la presse : « La clé, c'est le gardien de but, c'est Titi. » C'est la première compétition où il n'y a plus un seul Barjot dans l'équipe. Guillaume Gille, Jérôme Fernandez, Daniel Narcisse, Didier Dinart, Bertrand Gille, Olivier Girault, Daniel Narcisse, Nikola Karabatic et moi sommes les nouveaux cadres. Pour la première fois, les anciens, c'est nous, on sent qu'il faut qu'on s'empare du projet. Et on s'empare du titre ! On fait une super compétition, on est champions d'Europe, je suis élu meilleur gardien. Mes parents sont là, ma famille, mes amis. Ils m'auront suivi pendant pratiquement toute cette compétition, de Bâle, en phase de poule, à Zurich, pour les phases finales.

Avant les Jeux de 2008, Claude me refait le même plan : « Je veux le même Titi qu'à Kiel. » Il venait souvent voir des matchs, il commentait pour la télé, il me voyait jouer souvent. C'est vrai que c'est le moment où je suis au sommet de ma carrière. Et je me sens bien dans cette équipe de France. Claude nous implique dans le projet, il nous fait réfléchir avec lui à la mise en place des schémas, à la façon dont on va défendre, dont on va attaquer. Il nous responsabilise. C'est ce qu'il fallait à ce groupe-là. On était capable de se prendre en main, de se gérer, de pouvoir aussi reprendre ceux qui n'entraient pas dans cette volonté de travailler au quotidien et dans cet investissement participatif. Claude a défini les rôles au sein de l'équipe avec des joueurs cadres qui vont assumer une grande partie des responsabilités lors des matchs et des joueurs de compléments, les plus aptes à être déterminants sur des temps de jeu plus réduits. Ce fut l'option gagnante. Tout le monde est impliqué dans le projet et connaît son rôle dans l'équipe.

Zagreb 2009

France-Croatie en finale des Championnats du monde 2009. C'est la finale que tout le monde attend, elle est pratiquement programmée tellement les deux équipes sont celles qui ont été les plus régulières sur la dernière décennie en termes de titres et de médailles.

On vient de gagner les Jeux olympiques à Pékin et quelques mois plus tard se profilent donc ces

Championnats du monde dans un pays de handball. Les Croates font le choix de partager la même partie de tableau que nous, privilège du pays organisateur. Ils ne souhaitent pas nous retrouver avant la finale. On venait en effet, sur les dernières compétitions, de prendre l'ascendant sur eux et nous les avions battus en demi-finale des JO.

La compétition commence bien pour nous et on se qualifie pour le tour principal après des succès probants. Durant cette compétition, avec la confiance qui nous habite suite au titre olympique, nous survolons les matchs. Notre jeu est en place. Pour ma part je suis dans l'enchaînement de ma saison à Kiel. Cette saison 2008-2009 sera certainement la meilleure de ma carrière. Au terme de celle-ci, suite à un appel de la fédération internationale, j'apprendrai que je suis élu meilleur joueur du monde. Une consécration individuelle qui viendra récompenser cette saison. Un peu la cerise sur le gâteau. Je l'ai déjà dit, la performance collective et la victoire en équipe sont le moteur de ma performance, de ma motivation. Mais recevoir cette distinction au terme d'une saison ponctuée de plusieurs titres me remplit de fierté. Elle met en avant ce poste de gardien qui m'est si cher, et montre l'impact que la performance de celui-ci peut avoir sur les résultats de l'équipe. Je suis également très honoré de me retrouver sur cette liste prestigieuse aux côtés des plus grands noms de l'histoire du handball et de rejoindre au palmarès les Français y figurant déjà.

Sur ce Championnat du monde et contrairement à d'autres compétitions, nous y rentrons de plein-pied et dominons nettement nos adversaires qui sont la Roumanie, la Slovaquie, la Hongrie, l'Argentine et l'Australie. Au tour principal, on se retrouve donc avec la Croatie qui a également fait un sans-faute. On joue la Corée du Sud et la Suède pour commencer, matchs que nous remportons sur la lignée de nos performances du premier tour. La Croatie continue également son parcours sans faute et les deux équipes sont donc déjà qualifiées pour les demi-finales au moment de s'affronter.

Nous perdrons ce match où les deux équipes n'ont pas dévoilé l'ensemble de leur panoplie en faisant tourner, en ayant en tête les demi-finales et la possibilité également de se retrouver en finale.

En demi-finale, départ pour Split, pour retrouver l'équipe du Danemark. Un aller-retour express pour un seul match avant de revenir à Zagreb ou on avait disputé le tour principal. Le Danemark est champion d'Europe en titre, mais on est déterminé à enchaîner et on a absolument envie de disputer cette finale France-Croatie que tout le monde veut voir dans la Zagreb Arena avec ses 15 000 supporters croates et tout un pays derrière son équipe nationale.

Le match se passe bien et les danois craquent après un match maîtrisé. Nous sommes en finale du Mondial. La Croatie également.

Le duel entre les deux meilleures équipes de la compétition et de ces dernières années aura donc lieu. Un match qui aujourd'hui encore reste comme un des plus grands de l'histoire de cette génération et de l'équipe de France.

La Croatie avec sa génération exceptionnelle autour de son joueur emblématique Ivano Balic, a atteint la finale et ne rêve que d'une seule chose : décrocher la médaille d'or devant son public face à l'équipe de France.

Lors du discours d'avant-match, Claude Onesta nous décrit le scénario idéal. Il faut jouer et rester au contact de l'équipe de Croatie pour arriver dans les 10 dernières minutes au coude à coude. À ce moment-là, ils se retrouveront sous pression avec la peur de tout perdre. Il nous dit que si on est devant et qu'ils reviennent, avec l'ambiance et le public qui va pousser, ce sera très difficile de tenir et de résister. Bon, quand tu es sur le terrain et que tu joues, tu te dis quand même que plus vite tu peux faire l'écart mieux c'est.

Dès l'arrivée à la salle et au moment de l'échauffement, on sent une énorme tension. À notre entrée sur le terrain pour la présentation des équipes, on est sifflé comme jamais. Mais on était contents d'être là, c'était un défi à notre mesure. Ces sifflets, c'était pour nous parce qu'ils avaient peur, ils nous craignaient et nous savaient capables de les battre. J'ai eu la chance de remporter des compétitions à domicile et aussi des finales face aux pays hôtes. Avoir tout le public contre soi, c'est une autre forme de motivation.

Cette finale va se dérouler exactement comme Claude nous l'avait décrit lors du briefing. C'est un France-Croatie à l'image des dernières confrontations entre ces deux équipes. Un match où les défenses prennent le pas sur les attaques. Durant 50 minutes, l'écart ne sera que d'un but pour l'une ou l'autre équipe. L'énorme tension qui règne autour de ce match et notamment autour de l'équipe de Croatie se matérialisera par ce tête contre tête de Balic et de Nikola Karabatic. À ce moment-là on sent toute la frustration d'un Balic et d'une équipe de Croatie qui ne trouve pas de solutions et la maîtrise d'un Nikola Karabatic qui reste de marbre, à l'image de toute l'équipe. Dans les 10 dernières minutes, il se passe exactement ce à quoi on s'était préparé. L'attaque croate est en échec et on trouve des solutions qui nous offrent la victoire. Des buts venus de nulle part de Daniel Narcisse ou de Nikola Karabatic, un Jérôme Fernandez précieux, Michaël Guigou et Luc Abalo qui volent sur leurs ailes, une défense de fer et nous pouvons exulter ! Un des plus grands exploits de cette équipe ! Jérôme Fernandez, nommé capitaine à la suite de la retraite d'Olivier Girault, soulève son premier trophée. Nous sommes à nouveau sur le toit du monde, quelques mois après Pékin.

Je pense que la compétition où l'on a ressenti le plus de pression collective est celle de 2010, pour l'Euro. Après avoir été champions olympiques en 2008 et champions du monde en 2009, la question du triplé est arrivée. Dans l'histoire du handball, aucun pays n'avait jamais détenu les trois titres. Tout le monde ne nous parlait que de ça. Du coup, on l'avait bien en tête, mais on essayait de le mettre de côté, une compétition, c'est déjà assez compliqué en soi, il n'y a pas besoin d'en rajouter. D'autant que l'Euro c'est dur, on ne peut pas se permettre de rater le premier match. Pourtant si... Contre la Hongrie, je suis mauvais, quatre arrêts, un en première mi-temps. On fait match nul 29-29, grâce à un tir de Niko à une minute de la fin... J'en ai parlé, c'est la compétition où j'y entre vraiment sur le deuxième match. C'est une compétition où l'on ne se pardonnait rien. Il y avait une électricité particulière. On voulait être parfaits, trop, on en oubliait qu'on a le droit de commettre des erreurs. Ça devait être lié à l'environnement. Tout le monde nous voyait gagner, décrocher ce triplé historique, ça nous a mis sous tension. On le voulait aussi. Personnellement cela a été une compétition très éprouvante nerveusement. Pourtant, les attentes, on y était habitué. Quand je suis arrivé en équipe de France, vu qu'il y avait des résultats depuis 1992, très rapidement, j'ai compris que si on n'arrivait pas au minimum dans le dernier carré, une compétition était ratée !

« L'ombre » de moi-même

On pourrait penser parfois qu'il y a des situations qui s'imposent à soi et qui ne regardent que soi. La deuxième mi-temps de la finale des Championnats du monde 2011 m'a marqué à cet égard. La compétition s'était plutôt bien passée jusqu'à présent. On avait accédé aux demi-finales et on était dans la dynamique du triplé historique réalisé des années auparavant. Avant cette demi-finale, Claude m'avait pris à part et m'avait montré un article de journal où l'on disait que je n'étais que l'ombre du gardien qui inspirait la crainte chez ses adversaires et que je n'étais plus capable d'être performant. C'était dans un journal suédois, juste avant ce match couperet contre... la Suède. Il savait exactement pourquoi il m'avait fait traduire cet article. J'étais chaud bouillant et j'aurai pu jouer le match immédiatement après la lecture de l'article sans échauffement. D'autant plus qu'un joueur de l'équipe adverse m'avait également critiqué dans les journaux. Au speech d'avant match Claude en avait parlé et se servait de ces commentaires sur moi. Si on s'attaquait à un de nos joueurs on s'attaquait à toute l'équipe, dit-il. Des mots forts mais qui montrent également qu'on était tous là les uns pour les autres. Je n'étais pas seul. J'ai pu le vérifier, même si je n'en doutais pas, sur ce match-là et également sur la finale mais d'une autre manière.

On affronte donc les Suédois à Malmö avec une salle acquise à l'équipe locale mais on est déterminé à prendre le dessus. Personnellement je suis encore touché par ce que j'ai lu, ou ce qu'on m'a traduit, et je réalise d'entrée un arrêt à six mètres empreint de toute la rage accumulée jusque-là. Je suis dedans et je ne sortirais plus du match. On l'emporte avec une grande performance collective et on se qualifie pour une quatrième finale dans une grande compétition internationale d'affilée.

Le Danemark se présente à nous habité d'une grande confiance née de leur parcours dans la compétition et l'équipe est portée par cette nouvelle génération très talentueuse des Hansen, Landin, etc. On rentre correctement dans le match et sans faire une grosse première période, moyenne même, de ma part, on bascule en tête avec trois buts d'avance à la mi-temps. Jusqu'à la 40e minute je suis plutôt dans mon match, correct mais sans plus. Et puis, à partir de ce moment-là, alors qu'on mène de cinq buts, je commence à ne plus toucher de ballons. Les tireurs adverses prennent le dessus et je cherche un ballon à toucher, à effleurer pour la dévier mais rien. Je suis en échec et la confiance commence à me fuir. On se rapproche de la fin du match et je sens que mes défenseurs font le maximum devant moi mais rien n'y fait. Le coach me maintient sa confiance et me laisse sur le terrain. À ce moment-là, je me raccroche simplement à l'idée qu'il suffit d'arrêter un ballon et c'est reparti. On arrive dans la dernière minute, à 10 secondes de la fin, on a un petit but d'avance. La balle est aux Danois. Je me dis : « OK. Je n'ai rien arrêté depuis 20 minutes mais si j'arrête ce tir-là on est champion du Monde. »

Sur coup franc, Bo Spellenberg prend le tir et elle me passe entre les jambes. Nous voilà en prolongation. Je m'en veux terriblement. J'ai la sensation bizarre d'avoir laissé passer l'opportunité d'être une nouvelle fois champion du monde. On rentre aux vestiaires et là personne ne me jette la pierre. Au contraire Claude me parle et me dit que je vais repartir en prolongation et que je vais faire les arrêts décisifs. Les joueurs également viennent me consoler et me dire que ce n'est pas de ma faute.

Le fait de retourner aux vestiaires m'a fait énormément de bien comme d'entendre tous mes coéquipiers et le staff être derrière moi. À ce moment-là je suis déterminé. Je reviens sur le terrain et en prolongation je ne fais pas beaucoup d'arrêts mais j'en fais deux qui valent tout l'or du monde. On est à nouveau sur le toit du monde au bout d'un match et d'une prolongation haletante.

C'est une finale qui restera particulière pour moi car *a contrario* des autres, j'avais été moins performant mais elle était tout aussi belle. J'avais envie de dire merci à tout le monde à la fin du match. Cette confiance maintenue dans les moments difficiles montrait également l'état d'esprit de cette équipe où on ne lâchait pas un de ses coéquipiers en difficulté. J'en avais eu la preuve de deux façons différentes.

Je me soigne en jouant

Vous vous souvenez de ma blessure au biceps début octobre 2013 ? Je me fais opérer exactement 12 semaines avant le début de l'Euro 2014. Avec le feu vert du chirurgien et du médecin de l'équipe de France, Pierre Sébastien, et je pars donc *in extremis* avec le groupe.

Je ne suis pas dans la première liste des 16 mais je suis avec le groupe prêt à rentrer à tout moment.

Claude me fait entrer après le deuxième match pour celui contre la Serbie où je rentre pour les 10 dernières minutes. C'est une situation nouvelle pour moi. Je dois vite revenir à un niveau international pour pouvoir être utile à l'équipe. Je me pose des questions par rapport à mon biceps parce que je suis encore tous les jours aux soins. Sur le terrain j'arrive à oublier, mais j'ai quand même un gros bandage et une coudière pour me le rappeler. Le match qui va tout changer et me faire rentrer de plain-pied dans la compétition est le suivant, contre la Croatie. Je pense que c'était le match idéal pour moi. Je rentre à la 20e minute au relais de Cyril Dumoulin, et le fait de retrouver les Croates m'a totalement fait oublier mon manque de temps de jeu, l'appréhension que je pouvais avoir par rapport à mon coude. Je me voyais sur les précédents France-Croatie, en train de mettre les tireurs en échecs. Je les connais par cœur et c'était vraiment le match pour me relancer.

L'équipe était un peu en reconstruction après le départ d'anciens comme Daouda Karaboué, Didier Dinart ou Guillaume Joli, après le Mondial 2013, compétition qui s'était arrêtée au stade des quarts de finale.

Daouda Karaboué aura été mon partenaire dans les buts pendant une majeure partie de l'ère des experts.

J'aurai bénéficié de la confiance de Claude pendant toutes ces années mais la présence de Daouda m'a toujours poussé pour être à mon maximum et le meilleur sur le terrain. On avait une bonne relation de confiance et on se tirait vers le haut. C'est cette émulation positive dont j'ai déjà parlé, que l'on trouve plus particulièrement à ce poste de gardien. Il faut être capable d'échanger, de conseiller son partenaire sur le terrain.

De nouveaux joueurs ont fait récemment leur apparition dans l'équipe, Luka Karabatic, Valentin Porte, Kentin Mahé pour les joueurs de champ. Dans les buts, ce sont Cyril Dumoulin et Vincent Gérard, qui ont commencé la compétition. On est bien parti après les trois premiers matchs. Pour ma part je ne sais pas trop comment va se passer la suite. Je me dis que ce n'est qu'un bon match et surtout je me demande si je vais tenir le rythme en enchaînant les suivants alors que je n'ai pas disputé une seule rencontre depuis trois mois. Je me raccroche au fait que je devrais simplement essayer d'y aller progressivement et de prendre les matchs comme ils viennent. On ne savait pas non plus forcément jusqu'où où on était capable d'aller. On ira au bout de cette compétition en dominant la finale contre le Danemark, après avoir écarté l'Espagne en demi-finale. Une finale avec des performances individuelles et une maîtrise collective presque irréelle tellement elle fut parfaite. On gagne 41-32 au Danemark contre le Danemark et la salle pleine. On les aura asphyxiés dès le début du match et on ne lâchera plus notre emprise.

Cette nouvelle médaille d'or a été très importante symboliquement parce que j'étais au plus mal quelques semaines auparavant avant d'entrer dans la salle d'opération.

Tous différents, tous pareils

Ce groupe France a toujours bien vécu. Je ne parle pas de huit ou 10 joueurs. Une préparation commence par 20 joueurs, puis quatre rentrent à la maison. En préparation olympique, par exemple, il y avait un super état d'esprit à 20. Et puis, c'est spécial, l'équipe de France est une addition de courtes parenthèses de temps à vivre avec un groupe qui ne sera probablement plus jamais le même. Le stage d'après, si tu y participes, il n'est pas rare qu'il y ait un ou deux joueurs blessés, et c'est encore différent.

On s'entendait vraiment très bien. De toute façon, je pense qu'on ne peut pas gagner si l'on n'est pas bien ensemble. Beaucoup de joueurs étaient là depuis très longtemps, on avait clairement des affinités et puis on se connaissait depuis l'équipe de France Espoirs, on avait vécu de beaux moments ensemble, des belles soirées, ces choses qui lient un groupe. La génération exceptionnelle et incontournable des Nikola Karabatic, Mickaël Guigou, Luc Abalo, est venue s'y greffer très naturellement.

On avait tous des caractères différents qui nous faisaient tenir des rôles différents. Moi, j'étais le gars droit, exigeant. Mon fameux côté alsacien ! J'étais aussi celui à qui on venait demander où on en était en poule. En fonction des défaites, des victoires, je calculais très vite, j'avais toujours tout en tête. Et je connaissais tous les joueurs, j'étais un peu une bible du handball, sur le plan sportif. À tel point que Daniel Narcisse m'avait surnommé « Titipédia » ! Dès qu'on me demandait quelque chose sur le sport, j'étais capable d'y répondre.

En revanche, on avait tous le même état d'esprit. On était une génération de compétiteurs, de joueurs impliqués qui voulaient gagner. On évoluait tous dans des clubs à l'étranger en Allemagne, en Espagne, ou à Montpellier, abonné à la ligue des champions, et notre discipline au quotidien nous a aussi aidés à créer un lien.

J'adorais les retrouver. J'adorais aller en stage. C'est une vie qui me plaisait. C'était un peu dur de partir, surtout à Noël parce que tu as envie de rester avec la famille, mais, quand tu arrives en équipe de France, tu retrouves une autre famille. Tu fais ta vie et, quand ça se termine, tu es content de repartir retrouver les tiens. C'était mon équilibre. En fait, si je restais trop longtemps sans partir, ça me faisait bizarre !

Je n'ai jamais trouvé le temps long, jamais je ne me suis dit que j'avais envie de rentrer chez moi, si ça avait été le cas, il aurait fallu arrêter. À Kiel, on faisait également beaucoup de déplacements en car. Tu es une équipe, tu vis en groupe, tu rentres, tu retrouves ton chez-toi, c'est cool, ça ne m'a jamais pesé. Partir en stage, vivre à l'hôtel avec les potes, c'était ma vie. C'était pour aller faire ce que j'aimais, jouer au handball au plus haut niveau et gagner des titres. Avec des moments plus difficiles, évidemment, quand tu pars et qu'il n'y a rien au bout, quand tu batailles pour être cinquième, sixième, c'est un peu plus dur, mais c'est la vie de sportif de haut niveau.

Pendant mes années à Kiel, quand on allait en stage avec l'équipe de France, j'étais content de rentrer dans mon pays, content de voir mes potes que je ne voyais pas de l'année. À chaque fois qu'on se retrouvait, on se racontait nos vies. Les déjeuners n'en finissaient pas et, du coup, on partait directement après à l'entraînement. On était tellement contents de se retrouver. De pouvoir parler français, aussi ! Ça contribuait à la bonne humeur du groupe. D'autant que le management de Claude nous laissait maîtres de la vie en dehors des entraînements. On se prenait en main, on n'avait pas de couvre-feu, on n'en avait pas besoin, il savait qu'on était responsables. De toute façon, il voyait bien, à l'entraînement, on souriait, mais on était tous très exigeants, investis, parce qu'on voulait tous, plus que tout, gagner des matchs. Enfin, Claude a pu se montrer plus directif, parfois, c'était son rôle, aussi, de nous taper sur les doigts. Après un match où certains joueurs n'avaient pas tenu leur rang, je me souviens d'un speech assez corsé.

Mais il était important de ne rien se cacher. On s'est toujours parlé dans ce groupe. J'imagine que c'était plus facile parce qu'on gagnait. Des matchs, des titres. Mais on se disait tout. À la vidéo, on pouvait dire : « Je pense qu'il faudrait que tu fasses plutôt ça », sans que l'autre ne le prenne comme une agression. Parfois, on n'ose pas, on ne veut pas froisser, surtout devant les autres. On a toujours été francs et ça n'a jamais posé de problème parce que c'était uniquement pour faire évoluer l'équipe, la faire avancer. On a toujours mis nos états d'âme de côté, notre ego de côté, pour se mettre au service du collectif. Cela nous a été inculqué par notre coach. Claude a fait en sorte que tout le monde puisse prendre conscience que l'individu était important, parce que la performance individuelle est indissociable de la performance collective, mais le joueur doit être au service du collectif. À la fin, chacun s'y retrouvera de manière individuelle parce que ce collectif permettra de gagner des titres.

Ce qui n'empêche pas que les critiques m'atteignent. Avec le temps, j'ai réussi à atténuer ça, je sais que ça fait partie du jeu. Il est toujours plus facile d'entendre des éloges. Et Claude n'hésitait pas à me balancer que je n'avais pas été bon. Il me connaissait, il savait que ça allait me piquer, mais pas m'enterrer que, au contraire, j'allais réagir. Les fois où ça arrivait, je ne le prenais pas bien ! À l'Euro 2010, quand je fais mon mauvais match, à quatre arrêts. Et celui d'après, à 24 arrêts. Le lendemain, j'arrive au petit déjeuner avec Jérôme. Alors que je suis à côté de lui, Claude lui glisse : « Tu diras à ton collègue de chambre que ça ne fait que 14 arrêts de moyenne, ce n'est pas terrible. » Ce sont des petites piques marrantes, mais qui te touchent, qui te mobilisent encore plus. De toute façon, avec moi, Claude a toujours su trouver les bons mots, j'ai été marqué par tout ce qu'il m'a dit. Je m'en suis servi pour grandir et pour progresser. Et, ça, je l'ai transféré en club. Parce que club et équipe de France allaient de pair pour moi. Les deux étaient importants dans mon équilibre. Cela me permettait de changer d'objectif dans une même saison, de ne pas rester sur un schéma trop linéaire. Une compétition ou juste une semaine de stage par-ci, par-là, c'était des petits boosters, des petites bouffées d'oxygène pour sortir du train-train. Et puis les deux expériences se nourrissaient l'une de l'autre. En club, j'avais envie d'être bon pour être appelé en équipe de France et, en équipe de France, les médailles me permettaient d'emmagasiner de la confiance pour mes performances en club. D'autant que, quand tu es international, ton club attend davantage de toi. Même le regard de tes coéquipiers change. Quand tu deviens international, ce n'est plus pareil.

Liés à jamais

J'ai passé 15 ans en colocation avec Jérôme Fernandez. On partageait déjà la même chambre en Espoirs et on n'a plus jamais changé. On s'est tout de suite bien entendu, dès nos premiers regroupements en équipe de France Espoirs. Les trois dernières années, quand « Fernand » a arrêté, je suis passé avec Daniel Narcisse, qui se retrouvait également seul. On était un peu les derniers de cette génération.

Au fur et à mesure du temps, on avait chacun nos habitudes. Par exemple, on n'avait pas les mêmes horaires. Je n'étais pas spécialement un lève-tard, mais je n'étais pas debout à 7 heures si le petit déjeuner était à 9 ! Fernand si ! Mais il essayait de ne pas faire de bruit ! Le soir, quand on n'arrivait pas à dormir, il nous arrivait de débriefer un match.

Au-delà des titres, c'est toute l'équipe que je porte en moi. Toute cette génération, nous sommes liés à vie. Aujourd'hui, nous sommes tous pris par notre quotidien mais chaque fois qu'on se retrouve, quelque chose se recrée. Entre nous, il restera toujours ces moments magiques, de bonheur pur. J'ai poursuivi ma carrière pour continuer à vivre ces moments. Par exemple, aux Jeux, à Londres, en 2012, le remplaçant, William Accambray, n'avait pas le droit de dormir au village. On avait réussi à lui dégoter une accréditation nuit et à lui trouver un lit, qu'on avait mis dans le salon, pour qu'il puisse rester avec nous. Et quand il a remplacé Guillaume Joli, on est resté sur le même mode de fonctionnement. On avait fait pareil en 2008 avec Jérôme Fernandez. Il s'était cassé le doigt au troisième match et avait été remplacé par Cédric Paty, mais on n'avait rien changé, Fernand était resté et on avait aménagé un lit à Cédric. Il n'était pas question que Jérôme sorte du groupe. On était une équipe.

Nous avons marqué l'histoire du handball et du sport français. Cette équipe a montré que la France pouvait gagner et enchaîner les victoires. On nous a souvent cités en exemple, même quand on parlait avec des athlètes d'autres sports, ils nous expliquaient qu'ils s'inspiraient de nous. Forcément, ça nous touchait, on était fier de générer ça. C'est plutôt sympa d'être cité comme référence.

On était habité, avec l'accumulation des titres remportés, par une certaine confiance. En même temps on se savait attendu à chaque début de compétition, nous n'avions pratiquement pas de droit à l'erreur. Au fil du temps, de l'extérieur, une compétition sans médaille d'or était pratiquement devenue une compétition ratée ! On avait pratiquement banalisé la performance. Alors que chacun de ses titres a été très dur à aller chercher. On était conscient à l'intérieur du groupe que c'était difficile et compliqué à chaque fois. Que l'adversité était là. Qu'à chaque fois il fallait remettre tous les ingrédients pour réussir à retourner tout en haut. Et que ça se joue à très peu de chose.

L'échec de 2004 aux JO, en quarts, avec une seule défaite en huit matchs nous a été utile. Cette contre-performance a été très importante dans la construction de cette équipe. On s'en est servi pour les compétitions suivantes et notamment les matchs couperets qui arriveraient lors des olympiades suivantes. Une phase de poule réussie ne présage pas forcément d'une compétition réussie. L'inverse est vrai également. Dans une même compétition, il y a plusieurs étapes qu'il faut franchir. Des phases de poules et des phases à élimination directe, soit deux façons différentes d'aborder des matchs. Cibler le quart aux JO deviendra un point important dans notre façon de les appréhender.

Autre leçon, le France-Allemagne, du Championnat du monde 2007, en Allemagne... À 15 secondes de la deuxième prolongation, alors que les Allemands mènent 32-31, les deux arbitres suédois refusent un but à Michaël Guigou, sans raison. Cela a été un sentiment d'injustice très fort. On s'est dit qu'il fallait travailler davantage pour ne plus jamais être à la merci d'une décision d'arbitres. Sur le coup, on était défaits, mais ça a été bénéfique. Un an et demi après, on est champion olympique. Sans cet épisode, on n'aurait peut-être pas gagné tout ce qu'on a gagné. L'histoire a été écrite comme ça et elle est belle comme ça.

Ces épisodes nous ont servis à nous inscrire dans la durée. Une fois qu'on a commencé à prendre l'ascendant sur les autres pays, on ne voulait plus le lâcher. On était dans un cercle vertueux : gagner, gagner, gagner. On avait envie de continuer à marquer l'histoire. On a remporté quatre compétitions d'affilée. Mais cette série a touché à sa fin lors de l'euro 2012. On finit onzièmes. Les raisons sont encore difficiles à trouver aujourd'hui. C'était la première fois qu'on disputait une compétition en sachant qu'on était déjà qualifié pour les Jeux. Les autres, non. Disputer une compétition à six mois de Londres, avec, en face, des équipes qui vont jouer leur vie pour se qualifier, ce n'est pas évident et on l'a certainement mal abordé. On n'a peut-être pas eu la même détermination pour gagner en tout cas moins que celle de nos adversaires.

Nous n'avons jamais fait le plein de points lors d'un Euro. Mais là, on s'en allait avec zéro point sur quatre possibles. Encore une fois, on entre mal dans la compétition sauf que, cette fois, on n'arrive pas à réenclencher, à repartir sur une pente ascendante, comme on l'avait déjà fait. On se rate complètement. À un but près, on était 5es, mais, pour nous, 11e ou 5e, c'était pareil.

On s'est rendu compte que tout allait très vite : quand on est rentrés, beaucoup de monde pensait que c'était la fin d'une génération. Ça a peut-être été un mal pour un bien, fondateur pour décrocher le titre olympique six mois plus tard. On a refait une préparation comme en 2008. On ne se pardonnait rien, tout le monde voulait montrer qu'il méritait sa place. Je pense qu'on était dans un état de forme au-delà de celui de 2008. En salle de musculation, sur la piste, on faisait des efforts comme on n'en avait jamais fait. On a voulu montrer que c'était un accident, que ce n'est pas parce qu'on s'était planté dans une compétition que cette génération était finie.

On était persuadés qu'on était toujours capable de gagner les JO. Il est difficile de comparer avec le titre de 2008 mais 2012, devant 12 000 spectateurs dont 8 000 Français, ma femme, ma fille, mes frères, mes amis, c'était très fort. Les quarts, demi et la finale resteront exceptionnels. Comme ceux de 2008. En y pensant et si je devais classer les trois meilleurs matchs de ma carrière ce serait : la finale de 2008, la demi-finale de 2012, et la demi-finale de l'Euro 2006. Ce dernier est, personnellement, celui qui m'a fait franchir un palier important dans ma carrière.

À 38 ans, l'expérience paye

Une de mes forces a été de savoir rebondir après de mauvaises prestations mais avec les années qui passent d'autres questions pointent. Au Qatar, au Championnat du monde 2015, par exemple. Lors de mes deux premiers matchs, j'ai des pourcentages très faibles, mais je finis meilleur joueur de la compétition. En conférence de presse, Claude avait confirmé que je resterai numéro 1, parce qu'on commençait à se demander si je n'étais pas trop vieux. Tu as beau savoir que c'est dans l'ordre des choses, tu es quand même touché dans ton ego, tu as envie de prouver aux gens qu'ils se trompent. Peut-être que, dans la même compétition à 20 ou à 25 ans, j'aurais été atteint par ces deux premiers matchs ratés, je le suis d'ailleurs mais, justement, j'ai 38 ans, alors je me reprends et je réussis à revenir progressivement dans la compétition. Le dernier match de poule contre la Suède décide de la première place, importante pour la suite du Mondial et les matchs couperets qui arrivent. J'ai déjà dit combien j'aimais ces matchs-là, combien j'avais besoin de cette pression pour m'exprimer pleinement. Comme toute l'équipe, d'ailleurs. J'avais besoin et on avait besoin d'être dos au mur. En fait, j'adorais ça.

Je voulais aussi démontrer qu'on n'est pas fini à 38 ans. Contre la Suède, je fais un bon match. Pas à 25 arrêts, mais quelques-uns déterminants, en fin de partie. Je me souviens d'une parade en contre-attaque sur un ailier gauche, Fredrik Petersen. Cinquante-neuvième minute, il a une balle pour faire revenir les Suédois à un but. Je sais ce qu'il va faire. Petersen, je le connais, je connais ses tirs, et je sais que dans ces moments-là, tendus, les joueurs ont tendance à venir sur leur tir préférentiel. Je sais exactement la parade que je vais faire, il faut juste que je la retarde au maximum. Il arrive, il saute, il essaie de me passer à mi-hauteur. Je lève la jambe, je baisse le bras, j'arrête la balle. L'expérience paye. Et c'est exactement pour vivre ce moment-là que tu es gardien de but. L'équipe a besoin de toi, elle te fait confiance et, par cet arrêt, tu lui montres qu'elle a raison.

Ça y est, je suis enfin lancé dans ma compétition. On prend l'Argentine en huitième de finale, et, à partir de ce moment-là, on est transfigurés, on aurait dit qu'on attendait de passer aux choses sérieuses. En poule de Championnat du monde, sur six équipes, quatre passent, donc tu sais que tu vas te qualifier. Après, ce sont des matchs couperet, ça réveille.

Je prends l'ascendant sur les tireurs dès le début, ce sont des joueurs que je connais bien, beaucoup évoluent en Europe, en France ou en Espagne. J'enchaîne un très bon match contre la Slovénie où je retrouve notamment des anciens coéquipiers de Montpellier. Le genre de match où tu es extralucide. En huitième, quart et demi, j'évolue à mon meilleur niveau, ce qui était difficile à deviner en début de compétition. Mais je n'avais toujours pas la finale en ligne de mire. C'est un cliché mais j'ai toujours pris les matchs les uns après les autres. J'avais l'habitude de dire : « Celui-là, on le gagne, si on doit perdre après, on doit perdre, mais celui-là, on le gagne. »

En demi contre l'Espagne, il y a énormément de supporters français dans la salle, près de 2000, je connais les joueurs par cœur, ils ont tous évolué au Barça, ou à Ciudad Real, on a tellement joué les uns contre les autres... Match étonnant. On mène 18-14 à la pause, après une mi-temps offensive et beaucoup de buts marqués. J'entre doucement dans la partie puis je monte en puissance et on gagne 26-22. Ce qui fait une deuxième période à 8-8, à l'opposé de la première. On a du mal à trouver des solutions en attaque, on est en échec sur leur gardien, Gonzalo Pérez. Puisqu'on galère devant, il faut qu'on ferme derrière. On tient ; les espagnols peinent autant que nous à marquer. À un moment, ils attaquent à six contre quatre, Didier Dinart, qui est passé adjoint de Claude me demande : « On laisse tirer quel ailier ? » À deux joueurs en moins, on est obligé de se focaliser sur un côté. Je lui réponds sans hésiter. Je veux voir tirer Victor Tomas, du Barça. « OK, les gars, on se décale à gauche, on laisse terminer à l'aile droite. » Tomas vient tirer à l'aile droite mais avec un angle pratiquement comme sur une contre-attaque et, là encore, je sais exactement ce qu'il va faire. Je connais tous ses tirs, je suis donc prêt à tout, je l'attends. Je suis dans mon match et je sais que ça va être pour moi, et je l'arrête. J'exulte, Didier me regarde et me pointe du doigt. Tout le public crie « Titi », tout ce que j'aime pour aller chercher encore plus loin. Il reste encore un peu de temps mais on préservera l'écart. On est en finale.

En finale, contre le Qatar, je dois faire neuf arrêts, un match plus moyen mais avec des arrêts déterminants. Parfois des matchs se terminent autour de 20 arrêts parfois il y en a moins et ces jours-là il faut *a minima* être capable de faire les arrêts dans les moments clés.

On gagne. On détient à nouveau les titres olympique, européen et mondial.

Capitaine pour terminer en beauté

En 2015, le Mondial au Qatar est la dernière compétition de notre capitaine Jérôme Fernandez. À ce moment-là je ne le sais pas encore, mais je venais de disputer ma dernière compétition avec mon collègue de chambrée. Au rassemblement d'après, avant un entraînement, Claude Onesta annonce que je vais le remplacer. Soulever le trophée de champion du monde, à Paris, en 2017, devant mes parents, ma femme, mes enfants, mes frères, une trentaine de proches, sera un privilège supplémentaire, un aboutissement. J'étais très fier d'être capitaine de l'équipe de France. Quand on m'a donné le brassard, il y avait ce double objectif des Jeux de Rio en 2016 et du Championnat du monde en France, et je suis d'autant plus fier d'avoir amené mon équipe jusque-là. Mais, mis à part le brassard, justement, concrètement, ça n'a pas changé grand-chose, parce que j'étais déjà un cadre, mon rôle ne s'est pas retrouvé transformé par rapport à ce que j'étais dans les 10 dernières années. Avec les Bleus comme en club, on m'a souvent rapidement considéré comme un leader. Probablement en raison de mon exigence, de mon investissement, de mon implication sur le terrain et dans la vie de l'équipe. Je prenais certes plus de responsabilités, je devenais l'intermédiaire officiel entre l'équipe et Claude. Mais ce n'était pas très compliqué parce qu'on avait une relation forte, lui me connaissait très bien, et moi je savais très bien ce qu'il attendait de moi.

Mais le plus important est toujours avant tout d'être un leader par la performance. On m'a souvent dit que j'étais centré sur moi, que je pensais beaucoup à ma performance personnelle. Mais, quand tu es gardien, elle est primordiale. Si tu n'es pas présent, ton équipe peut marquer le nombre de buts qu'elle veut, le match sera plus difficile à gagner. Mais c'est vrai que, capitaine, en plus d'être bon, il faut t'assurer que tout va bien chez tout le monde, que tout roule dans le groupe. Parfois j'étais aussi capable de bouger un peu les gars. J'ai appris à le faire avec le temps.

Sans faire des discours d'une demi-heure, le rôle de capitaine implique de faire passer des messages. Au début de ma carrière, cela ne m'était pas naturel, je pense que l'on a besoin de se sentir légitime. Pour cela, il faut du temps et s'imposer en match. Ce que tu dis a forcément plus d'impact si tu es bon. De toute façon, j'ai d'abord été un leader par l'exemple. Même à 35 ans, j'étais capable de montrer aux jeunes, que, malgré tous les titres, il faut travailler. Être exigeant envers soi-même.

Seize ans plus tard

16 ans après avoir disputé mon premier Mondial en France, j'ai la chance de pouvoir vivre une deuxième compétition à domicile. Ce sera ma dernière ! C'est une vraie fierté de pouvoir être encore là et d'avoir pu durer aussi longtemps. De pouvoir mesurer le chemin parcouru entre ce jeune gardien qui disputait sa première compétition internationale sur le terrain à 24 ans et ce gardien de 40 ans qui allait participer à son neuvième Championnat du monde en tant que capitaine. Mon rôle a évidemment évolué. Je sais aussi que ce sera certainement ma dernière compétition, même si ma décision définitive n'avait pas été prise. Je ne voulais pas me laisser perturber. J'aurai le temps de me poser après la compétition pour prendre cette décision, qui demande une réflexion à tête reposée. En tant que capitaine, je dois également être là pour l'équipe, penser à ma performance, mais également permettre que l'on ait le meilleur rendement possible, être également dans la transmission auprès des plus jeunes qui découvrent un Mondial, qui plus est à domicile.

De pouvoir mesurer également l'évolution de mon sport et de son ascension dans le paysage sportif français au fil de ses années et de ses résultats. Plus du double de licenciés, une affluence record pour ces Championnats du monde avec plus de 500 000 spectateurs et un huitième et un quart de finale joué devant près de 28 000 personnes dans le stade Pierre-Mauroy à Lille.

Pour cette compétition, Didier Dinart a pris le relais de Claude Onesta, accompagné de Guillaume Gille. Une sélection sous le signe également du renouvellement où une nouvelle génération est arrivée depuis un peu plus d'un an avec des joueurs comme Ludovic Fabregas, Nedim Remili.

Le match d'ouverture a lieu à l'AccorHotels Arena, devant 15 000 personnes. Beaucoup d'émotions et les souvenirs de 2001 remontent à la surface au moment d'entrer sur le terrain pour ce match face au Brésil. Heureux d'être à nouveau là, dans cette salle mythique du handball français.

Le Brésil nous avait accroché lors des jeux de Rio et on se méfie d'autant plus qu'un match d'ouverture est toujours particulier, surtout à domicile ou tout le monde s'attend à ce que nous l'emportions. On fait un très bon match, tout le monde participe à la fête. La concentration était à son maximum. On n'a qu'un seul objectif sur cette compétition, la gagner. Tout le monde nous voit aller au bout, mais on sait aussi que ce sera très difficile avec des matchs couperets qui arriveront à partir des huitièmes de finale. Dans tous les cas, nous sommes entrés de plein-pied dans notre Mondial.

Pour la suite du premier tour on déménage à Nantes où le public répondra également présent. Comme 16 ans auparavant, une ambiance de folie dans une salle XXL qui peut accueillir plus du double de celui qui nous avait accompagnés en 2001 nous attend. Le plus gros match de ce tour est face à la Norvège, avec une génération montante autour de Sander Sagosen. On les bat et on termine donc à la première place de ce groupe après également des victoires contre le Japon, la Russie et la Pologne.

Qualifiés pour les huitièmes nous enchaînons avec un déplacement vers Lille. Nous découvrons le stade Pierre-Mauroy. 28 000 personnes vont venir nous soutenir. J'étais allé soutenir l'équipe de France de basket, deux ans auparavant lors de leur Euro à domicile et je me disais à ce moment-là que je ne voudrais rater ce Mondial pour rien au monde. Jouer devant 28 000 personnes, qui plus est à domicile, restera un grand moment dans ma carrière. Nous jouons l'Islande.

Entre les entraînements dans la salle vide que nous avions découverte la veille et la salle pleine, le contraste est énorme. Les vestiaires se trouvant en hauteur par rapport au terrain, nous descendons à travers le public comme si nous entrions dans une arène. C'est impressionnant. La tension et la pression sont palpables et on entre doucement dans le match. Poussés par le public, on fait petit à petit craquer les Islandais. Le moment de communion après le match est simplement magique. Une ambiance de folie qui annoncera celle qui allait nous attendre le lendemain face à la Suède. Le match sous tension extrême y sera pour beaucoup.

En quart de finale nous attend la Suède, avec une équipe assez rajeunie, qui réalise jusque-là un super Mondial. Le match va être électrique, avec une tension à son paroxysme. Il est impensable de ne pas retourner à Paris pour le dernier carré dans notre Mondial. Un match très serré où le public va jouer un rôle primordial et nous permettre de faire tomber cette équipe de Suède au terme d'un des plus beaux matchs de ce Mondial et certainement du plus stressant pour nos fans. On est mené puis on repasse devant sans réussir à creuser un écart conséquent. On s'imposera 33-30. Au terme du match, le moment de communion avec le public restera comme un des moments forts de ce Mondial. On reste près d'une demi-heure sur le terrain. On ne veut plus le quitter. Le public non plus d'ailleurs. Les 28 000 personnes sont là et font l'ola avec nous. S'ensuit un *clapping*, c'est énorme !

On retourne à Paris pour le dernier carré. La Slovénie nous y attend. Nous sommes favoris et nous assumerons notre statut. Le match est moins stressant que le quart et on se qualifie pour la finale. Des moments de partage intense avec le public ont lieu après chaque rencontre.

En finale, on retrouve la Norvège qui s'est qualifiée au bout de la prolongation contre la Croatie. À la fin de la première mi-temps, on mène d'un but alors que la Norvège a plutôt dominé le match et a très bien joué. On se dit au vestiaire que, malgré ça, on est devant. On repart sur les mêmes bases que la fin de la première mi-temps et l'écart se creuse progressivement pour terminer sur un écart qui permet de savourer les dernières minutes. Le public explose à la fin du match et on court partout sur le terrain. C'est une vraie fierté de pouvoir soulever ce trophée à la maison, mon cinquième titre de champion du monde, devant notre public, mes amis et ma famille. J'avais d'ailleurs eu énormément de demande de billets pour ce match.

Au terme de cette finale, beaucoup de questions me sont posées sur la suite de ma carrière. Je préfère profiter de l'instant et je ne veux pas tout mélanger. L'heure de prendre la décision et de l'annoncer officiellement viendra quelques semaines plus tard.

CHAPITRE 6

LE PARADIS OLYMPIQUE

J'ai découvert les Jeux en 1992 en regardant les Bronzés jouer à Barcelone. Quand j'étais gamin, je n'ai jamais pensé être champion olympique parce que cela paraissait inatteignable. Pour moi, c'est la compétition la plus importante de toutes. Une fois dans le bain, j'ai toujours voulu en profiter à fond.

Échanges d'expériences

Les Jeux, c'est magique. On vit au village olympique, entre sportifs, on rencontre tous les athlètes, de tous les pays, de toutes les disciplines. Dans la salle de musculation, tu croises des gymnastes, un mec qui fait de l'haltérophilie, un nageur. Dans les chambres, on avait une télé avec une discipline par canal, on pouvait tout voir. Et on voyait tout ! La télé était allumée en permanence ! On suivait les Français pour pouvoir les féliciter quand ils revenaient, échanger avec eux. On aurait préféré aller sur place mais, en hand, on est impliqué durant toute la quinzaine, si ça se passe bien, et nous, ça s'est bien passé trois fois sur quatre ! Et, quand on s'est fait éliminer en quarts, en 2004, on était tellement déçus qu'on avait qu'une envie, c'était rentrer ! On ne peut pas vraiment en profiter, pour un passionné de sport comme moi, il y a un côté frustrant !

À chaque JO, on a noué des relations avec des athlètes. Des rencontres et des échanges avec des athlètes provenant de toutes les disciplines, que ce soit le basket, le tennis, la natation, le judo, etc. On crée des liens, on se soutient. On est tous tournés vers les mêmes objectifs.

Je n'ai jamais raté une cérémonie d'ouverture. J'aurais pu rester au village pour préparer le début de la compétition et m'économiser de la fatigue, mais, pour moi, les Jeux commencent par cette cérémonie. Il y a les embouteillages pour aller jusqu'au stade, puis des heures d'attente au stade. Mais être là, dans ces couloirs, avec tous les athlètes français, c'est très fort. En plus, en 2004, c'était Jackson Richardson, le porte-drapeau. On attendait dans le tunnel du stade et, d'un seul coup, je ne sais pas de qui c'est venu, mais *La Marseillaise* a été entonnée, là, dans ce couloir. En matière d'émotion, on ne fait pas beaucoup mieux !

Un échec, deux victoires, une finale

En 2004, à Athènes, on gagne nos quatre matchs de poule, puis on se focalise sur le match contre l'Allemagne. On gagne, mais on y laisse pas mal d'influx. En quart, on affronte les Russes de Lavrov. On doit jouer à 21 heures, on commence finalement à 22 heures parce que le quart précédent Allemagne-Espagne est allé aux tirs au but. On n'est pas au mieux, mais on est au contact tout le match et c'est à ce moment-là, dans le dernier quart d'heure que Lavrov, 42 ans, se met à tout arrêter et notre rêve olympique s'envole. La déception est immense. Cette défaite va être bénéfique pour la suite, j'en ai parlé, mais c'est dur à encaisser. Individuellement et collectivement, d'autant plus que des grands anciens participaient à leurs derniers jeux comme Jackson, Greg ou Guéric.

Je n'avais pas vraiment compris qu'on en restait là. C'est après le match pour les cinquième et sixième places que la déception est grande. Tu comprends que c'est terminé, qu'il va falloir attendre quatre ans pour essayer d'y revenir et repartir vers cette course à la médaille.

En 2008, la formule de qualification nous oblige d'abord à passer par un tournoi de qualification olympique qui a lieu à Bercy. L'enjeu est très fort, d'autant plus qu'on se retrouve avec une poule compliquée avec la Tunisie, l'Espagne et la Norvège. Mais je me dis aussi qu'on est à domicile et que, si on veut avoir de l'ambition à Pékin, on doit être capable de sortir de ce tournoi. Nous réussirons à nous qualifier en deux matchs et deux victoires probantes plus une troisième contre la Norvège. Nous irons à Pékin !

J'ai un souvenir de mon plus jeune frère, Jean-François. Il a quatre ans de moins que moi et lui a aussi joué au hand, jusqu'en N1. En 2008, avant d'aller aux Jeux à Pékin, j'avais passé un petit moment en famille en Alsace. Juste avant de partir, il m'avait demandé de ramener la médaille. Quand je suis revenu, je lui ai dit : « Voilà, elle est là. »

Avec ceux avec qui nous avions été champions du monde en 2001 et d'Europe en 2006, c'est le seul titre qui nous manquait. On fait une préparation en mode combat à la Toussuire. On ne s'épargne rien, déjà pour gagner notre place et parce qu'on est vraiment déterminé. On a fait des séances de piste, de musculation et de handball qu'on terminait à bout de forces. On voulait se dépasser. On savait que ça passait par là. Il n'était pas question de rentrer bredouille en 2008.

On était arrivé un peu plus tôt et on en avait profité pour aller voir la grande muraille de Chine, ce qui est exceptionnel. Habituellement, le tourisme, on oublie. Pour la cérémonie, on avait patienté dans une salle de gym. Les basketteurs américains étaient dans un coin un peu VIP, tout le monde attendait pour faire des photos avec eux. J'ai fait la mienne avec pratiquement tous les basketteurs NBA dont Kobe Bryant, LeBron James. Obligé ! J'en avais fait une avec Roger Federer en 2004, aussi. C'est marrant, moi, ce sont des poloïstes croates qui sont venus me demander des photos. J'étais tout autant surpris que flatté.

En poule, on gère jusqu'au match contre la Pologne. Si on les bat, on finit premier, ce qui signifie prendre les Russes en quart, sinon, c'est l'Islande. On se dit « on ne choisit pas. » On fera match nul et on retrouve donc les Russes qui nous avaient éliminés à ce stade de la compétition quatre ans plus tôt. On domine assez nettement, on mène de six buts, ils reviennent à −1 à moins de 10 minutes de fin, mais Daniel Narcisse et Olivier Girault marquent et on arrive en demi. Derrière on retrouve les Croates, les champions olympiques, en titre. On les a beaucoup rencontrés et on commence à prendre l'ascendant psychologique sur eux, mais ils nous avaient battus en demi-finale de l'Euro, quelques mois avant, d'un but. Mais, c'était notre tour. Je ne sais pas comment l'expliquer, mais c'était notre tour. Il y a notamment cette séquence défensive de deux minutes où ils ne trouvent pas de solution et, quand ils en trouvent une, je fais un arrêt. L'investissement de chaque joueur est exceptionnel. Et je ne parle même pas du « kung-fu » de Daniel Narcisse qui va chercher une balle on ne sait où, sur un corner de Michaël Guigou ! On gagne 25-23 et, derrière, on retrouve l'Islande. Je l'ai raconté en préambule. On est champion olympique. À partir de là, on est sur un nuage. C'est la fête au village olympique, c'est la fête pour le retour en France, la fête dans le bus qui descend les Champs-Élysées. Quand tu as goûté à ça, tu en veux d'autres ! Et j'ai eu la chance qu'il y en ait un autre.

Swinging London

Londres 2012, c'était vraiment énorme. Une grande partie des équipes de sports collectifs étaient présentes, en féminin et masculin. Dans le village olympique, on était tous ensemble, avec tous les athlètes.

On dispute le match d'ouverture contre l'Angleterre et c'est génial, c'est tout l'esprit des jeux qui se déploie sous nos yeux. C'est la première fois qu'une équipe de handball anglaise est aux Jeux. Ils sont chez eux, ils arrivent comme des rock stars ! Et ils ont raison. C'est ça, les Jeux, il y a ceux qui savent qu'ils ne peuvent que participer et rien que ça, c'est extraordinaire.

Nous, on arrive après notre Euro totalement raté, on est critiqués et, pour ne rien arranger, la qualification acquise pour les quarts, on perd contre l'Islande.

En quart, contre l'Espagne, on commence mal. En face, Arpad Sterbik fait un début de match incroyable, il nous arrête sept tirs sur huit, on est menés de cinq buts. Mais, petit à petit, on revient. William Accambray, qui est sur la feuille pour la première fois, entre en deuxième mi-temps et marque sept buts. Dont celui de la dernière seconde qui nous envoie en demie (23-22). Une victoire au bout du suspense. Mais, lors de la séance vidéo, Claude dira que « si Willy a été très performant, il ne faut pas oublier le match qu'a fait Thierry, qui a su être là même dans les moments difficiles. » Des mots importants qui me touchent et sont bons pour la confiance. Tu veux simplement être à la hauteur au match suivant, encore une fois.

Le match d'après, on retrouve la Croatie pour un des meilleurs matchs de ma carrière. Depuis les quarts, on avait changé de salle, on était passés dans celle réservée au basket, on jouait devant 12 000 personnes dont 8 000 Français. L'ambiance était indescriptible, comme si on était à Paris. Et puis, à chaque fois, jouer contre la Croatie était particulier. C'est l'équipe qui a dominé avec nous les années de 2000 à 2010.

Pour moi, le match se déroule comme dans un rêve. Je les mets en échec dès le début, j'arrête leurs cinq premiers tirs. Leur meilleur joueur, Domagoj Duvnjak, finit à 0 sur 7, je suis à 13 arrêts à la mi-temps, à 19 à la fin. Au bout d'un quart d'heure, je suis à 80 %. Je vois tout, j'arrête tout, je suis dans cette espèce d'état second où l'on est en état de concentration maximale, où tout se met en place parfaitement. On le voit sur les images, j'exulte après chaque arrêt, je harangue le public, le speaker crie mon nom, à la fin, il hurlait : « C'est la Titi Arena. »

Je suis dans mon match et je reste concentré, je ne veux pas me laisser distraire, risquer de sortir de mon match, je sais que ça peut aller tellement vite dans l'autre sens. J'ai l'exemple de Sterbik en quart ! On gagne 22-23 alors que, en première mi-temps, il nous a énormément mis en difficulté. C'est présent dans ma tête, je fais un super début de match, on creuse l'écart, comme contre l'Espagne, mais je sais que ce n'est pas gagné avant la fin alors je veux continuer à être décisif, influencer positivement mes coéquipiers, à mettre en échec les tireurs adverses. Il me semble que je ne lâche pas un sourire. J'exulte, oui, mais je reste concentré sur mon match. Je fais une parade entre les jambes quand Duvnjak arrive dans l'intervalle externe, la fois d'après, il veut tirer en haut, j'arrête en haut, j'ai l'impression que je vois tout plus tôt. Mais il ne faut pas surjouer non plus, tenter des choses que tu n'as pas l'habitude de faire. Ne pas partir trop tôt, ne pas partir trop vite. Il faut garder en tête que tu vas finir par en prendre un parce que, le plus dur dans ces moments-là, c'est de ne pas en prendre un deuxième de suite qui va t'aspirer dans une spirale négative. Tu te répètes : « OK, tu vas en prendre, c'est normal, ça fait partie du jeu. » En deuxième mi-temps, on est plus dans la gestion du score et on parvient à les dissuader d'y croire. On est qualifié pour notre deuxième finale olympique d'affilée ! À la fin, le speaker vient m'interviewer sur le terrain. Je remercie le public et je lui demande d'être au rendez-vous pour la finale.

Elle nous oppose à la Suède, qui a perdu en finale en 1992, en 1996, en 2000. Chez eux, il y a Kim Andersson, l'arrière droit de Kiel. Ce sera ou lui, ou Daniel et moi qui réussirons la saison parfaite (après avoir fait le triplé en club). Sans creuser un gros écart, on mène tout le match, puis il y a ce but de Luc Abalo à 30 secondes de la fin qui nous fait passer à +2. Je me souviens d'une relance vers Luc un peu plus tôt. En y repensant, c'était un risque – la balle, il l'attrape du bout des doigts, juste au-dessus du défenseur – mais on maîtrisait tout à nouveau. 22-21. On est double champion olympique. Derrière, on fait la fête au Club France. Il était immense, à Londres, et ça tombait bien parce que tous les athlètes étaient présents, dont les basketteuses qui viennent d'être vice-championnes olympiques. Quand on part prendre l'Eurostar, on n'a pas dormi et on est encore au champagne. Dans notre wagon, la fête continuait. C'était assez calme dans les autres mais à la fin, tout le monde nous a rejoints dans le nôtre ! Tous les sportifs étaient réunis, et faisaient la fête ensemble. C'est ça l'esprit des Jeux. En plus quand tu es sur ton nuage avec cette médaille d'or autour du cou, tu n'as pas envie que ces moments de joie s'arrêtent.

À ce moment-là, je me dis aussi que je peux peut-être encore envisager de disputer les JO de 2016 de Rio qui deviennent au fur et à mesure un vrai objectif tout comme le Mondial en France prévu en 2017.

Si tu vas à Rio

Avant les Jeux de 2016, on sort d'un Euro terminé à la cinquième place. On avait pas mal de blessés et, même si on ne fait pas la compétition espérée, on sait que cela ne préfigure en rien de ce qu'il va se passer aux JO pour lesquels nous sommes qualifiés depuis la victoire aux Championnats du monde en 2015.

La préparation se passe bien mais je me fais une frayeur et me blesse pendant un entraînement à trois semaines du début du tournoi. Je vais faire des tests qui se montrent rassurants mais je vais avoir un programme adapté jusqu'aux débuts des Jeux. Je ne participe pas aux matchs de préparation à l'EuroTournoi à Strasbourg et je pars avec l'équipe à Rio. On est déterminé à ramener une nouvelle médaille avec un groupe rajeuni où neuf joueurs n'ont jamais connu les Jeux.

Je participe au dernier match de préparation sur place, ce qui me conforte sur mon état et ma capacité à pouvoir être utile et performant pour les matchs. On se qualifie pour les quarts de finale où nous jouons le Brésil à 10 heures du matin. C'est aussi la caractéristique des JO avec parfois des matchs très tôt le matin puisque nous jouons tous dans la même salle. Il faut se lever à 6 heures et se mettre tout de suite en mode combat, d'autant qu'on va jouer contre une équipe avec tout un public derrière elle et qui est sur une bonne dynamique, elle a battu des nations européennes de référence. Le match est accroché jusqu'à la 40e minute et on arrive à se qualifier pour les demi-finales. On y retrouve l'Allemagne, championne d'Europe en titre avec une nouvelle génération prometteuse et surtout très dangereuse.

On domine très nettement pendant 40 minutes en les faisant déjouer et en élevant le niveau, mais, à la fin du match, on est à égalité après une remontée de l'équipe allemande. Heureusement, Daniel Narcisse marque à la dernière seconde dans un angle difficile et nous propulse vers notre troisième finale olympique de rang !

Mais il n'y aura pas de triplé olympique. On tombe contre une belle équipe du Danemark, qui prendra sa revanche des finales du Mondial 2011 et de l'Euro 2014. C'est évidemment décevant mais on rentre quand même en France avec une médaille d'argent olympique. La troisième pour moi, mais elle n'a pas la couleur souhaitée, forcément pas la même saveur.

Le compte à rebours

Les sportifs raisonnent toujours un peu par Olympiades. En 2008, j'avais déjà 32 ans, je voulais aller à Londres quatre ans plus tard. Je me disais que, si j'arrivais à 2012 à ce niveau, je serai content. J'avais 35 ans, ça me paraissait une échéance raisonnable. Quand on est champion olympique, Claude me demande : « Alors, ton objectif, maintenant, c'est 2016 ? » Je lui ai répondu « Oh la la ! 2016, c'est loin ! » Mais je ne me voyais pas arrêter, je me disais : « Je continue et on verra où ça va me mener. » D'autant plus vrai que, quelques mois après, il y avait le Championnat du monde en France, alors, si j'arrivais aux Jeux, autant pousser jusqu'en 2017. Et pendant l'année, plus le temps passe, plus tu te dis que ça peut ressembler à une jolie fin.

Seuls les JO de Tokyo en 2020 auraient pu me faire continuer. Mais je ne me vois jamais aller jusque-là. Impossible. C'est trop loin. J'ai 40 ans et je me dis que c'est peut-être le moment, finir sur un Championnat du monde en France, c'est fabuleux. L'équipe de France m'aura tellement apporté... Je ne me voyais pas aller plus loin sachant que j'avais la vie en club à assumer toute l'année. Je me sentais capable en revanche de faire un an en club. Finalement j'en ferai deux, certainement grâce au fait de m'être consacré uniquement au PSG et de pouvoir bénéficier de périodes de repos pendant les semaines internationales.

Didier, qui succédait à Claude, devait donner la sélection pour les matchs de qualification à l'Euro du printemps. Un mois avant, je lui annonce ma décision. Cette décision, elle a forcément été difficile à prendre mais je reste persuadé encore aujourd'hui que c'était le meilleur moment et le bon.

Je me suis posé la question de faire encore un an ou deux ans, notamment parce que Didier voulait que je fasse l'Euro. Daniel et moi avons décidé de disputer les qualifications, parce que c'était l'occasion d'aider une dernière fois l'équipe et de jouer une dernière fois devant le public français. Cette équipe a généré tellement d'émotions... À chaque fois qu'on se déplaçait, on avait envie d'être bons parce qu'on jouait finalement assez peu devant notre public. On a envie d'échanger, de partager avec eux. J'adorais jouer en France. D'autant plus quand j'étais à Kiel. Je ne passais que cinq semaines en France, à peu près. J'étais heureux à Kiel, mais bon, quand tu es champion olympique et que tu pars jouer en club en Allemagne, on t'offre un bouquet à ton premier match pour te féliciter, mais tu n'es pas allemand.

Notre dernier match a lieu le 6 mai 2017, à Clermont-Ferrand, contre la Norvège. Je fais 18 arrêts, je sors deux penaltys. Daniel marque huit buts. Il y avait mes parents qui avaient tenu absolument à faire le voyage. Ils auront été là pour ma première et pour ma dernière sélection. Comme ma femme Laurence, rencontrée à Sélestat, qui m'aura accompagné durant toute ma carrière. Mes enfants Manon, née à Montpellier et Loris, né à Kiel seront devenus mes premiers supporters. Ils me font la surprise d'être présents. Ils participent avec moi au *clapping* final avec le public. Un moment de partage très fort et inoubliable. L'émotion est présente pour tout le monde. Je suis très heureux d'avoir pu terminer sur une note comme ça, de sortir sur un match à l'image de ce que j'avais pu faire pendant toutes ces années en équipe de France, d'avoir réussi ma sortie. Je me suis dit que j'avais apporté tout ce que je pouvais apporter, c'était important de pouvoir me le dire. Arrêter sur un sentiment du devoir accompli.

CHAPITRE 7

PASSAGE DE TÉMOIN

En fin de carrière, je choisis d'aller à Paris. Je vais retrouver Daniel Narcisse ou William Accambray et évoluer au quotidien avec Luc Abalo, Xavier Barachet, mes partenaires en équipe de France. Il s'agit aussi d'un club en construction, c'était nouveau. À Montpellier et à Kiel, je m'inscrivais dans une histoire. Avec le projet parisien, tout était à créer.

À 37 ans, je me dis qu'il me reste deux ans, trois, à tout casser, je n'ai plus beaucoup de temps. Je ne veux pas juste jouer, je veux continuer de gagner. À Paris, j'ai finalement passé cinq très belles années. J'ai essayé d'y apporter mon expérience, d'aider le club à progresser et d'y insuffler mon goût de l'effort, mon côté compétiteur. Finalement, je n'ai pas remporté la Ligue des champions, pour laquelle j'étais venu, mais c'est la loi du sport. La dure loi du sport même quand tu perds à la dernière seconde la finale contre Skopje, en 2017 ! Mais je suis content d'avoir participé à l'envol du club. Il n'était jamais allé au Final Four. On échoue la première année puis on y va, on franchit les étapes. Quart, puis demi-finale, puis finale. Il manquera la dernière marche... C'est frustrant parce que j'ai remporté 59 titres, ça aurait fait un compte rond !

Une responsabilité accrue

À Paris, comme à Kiel précédemment, on attend beaucoup de moi et je sais que je vais avoir une responsabilité importante. Les deux premières années, je partagerai le poste avec un historique du club, Patrice Annonay. Puis je jouerai une saison avec Gorazd Skof et enfin Rodrigo Corrales. Les différents coachs qui se sont succédé également comptent sur moi. Que ce soit Philippe Gardent, Zvonimir « Noka » Serdarušić ou Raul Gonzalez la dernière année (c'était la première fois que je découvrais la façon de travailler d'un technicien espagnol).

J'arrive donc avec l'ambition de continuer à jouer au plus haut niveau européen. Je m'investis pleinement et dès la préparation je continue avec la même exigence, je veux montrer qu'en dépit de mon âge je peux continuer à être parmi les premiers sur la piste. À chaque entraînement je me surpasse et un de mes premiers objectifs est d'aider le club à remporter à nouveau le titre de champion de France.

Nous serons champions sur le fil. La saison avait bien commencé par la victoire au Trophée des champions où on avait battu Montpellier aux tirs au but en demi-finale. C'était forcément particulier. À cette occasion, c'est la première fois en match officiel que je dispute une séance de tirs au but. Comme quoi, à 37 ans, je peux encore découvrir des choses. Je connais très bien les tireurs et j'use un peu de cet avantage propre au gardien. Je sors trois penaltys et on se qualifie pour la finale contre Dunkerque. L'avantage psychologique aura également joué un rôle primordial, certainement. En finale, on bat Dunkerque plus facilement et je décroche le premier de mes nombreux titres remportés avec Paris. Pour le championnat, nous commettons quelques faux pas qui nous mettent à plusieurs points de Montpellier et le match aller à Coubertin est donc crucial. Soit on gagne et on reste dans la course, soit on perd et on peut pratiquement dire adieu au titre de champion de France dès la fin des matchs aller. De nouvelles retrouvailles qui tournent encore à notre avantage mais beaucoup plus aisément. Une victoire de 16 buts dans un palais des sports de Coubertin en feu. Je suis survolté et je vibre avec le public comme jamais. Un gros, gros match. On ira également s'imposer là-bas au retour et une ultime défaite de Montpellier à Chambéry nous permet d'aller jouer le titre à Tremblay. Nous nous imposons tranquillement et nous pouvons fêter ce titre à la saveur particulière, car décroché au bout du bout.

En 2015-2016, aux Abalo, Hansen, Vori, Accambray, Barachet, s'ajoutent les frères Karabatic et les objectifs montent d'un cran. Il y a également l'arrivée de Noka que je retrouve après les années à Kiel. En championnat, on domine, et en coupe d'Europe, on réussit à qualifier le club pour le premier Final Four de son histoire. Mais on s'arrête en demi, contre les Polonais de Kielce 28-26. Dans l'équipe, on est que quelques-uns, avec Niko, Daniel, Igor Vori à avoir vécu un Final Four. Il y a pas mal de choses à appréhender, on s'en rend compte aussi avec l'enchaînement des différents Final Four, tout peut arriver.

On ne fait pas notre meilleur match. Pour ma part je suis heureux de pouvoir goûter à nouveau à cette ambiance après deux années à l'avoir regardée à la télé. J'ai toujours adoré cet évènement. C'est le summum pour une équipe de club et on y participera trois saisons d'affilée. Mais on finit troisième. On bat Kiel, pour la troisième fois de la saison, deux fois les Hongrois de Veszprém, ça démontre qu'on est en train de changer de dimension, en train de franchir une étape, qu'on fait partie du dernier carré européen. Ça se concrétise l'année d'après, où l'on bat à nouveau Kiel deux fois en poule, puis on bat encore Veszprém, mais en demi-finale, cette fois. On y est, on s'installe dans le paysage européen.

Petite parenthèse, quand je suis revenu jouer à Kiel avec le PSG, l'accueil qu'ils nous ont fait avec Daniel Narcisse, qui y a également joué quatre saisons, a été énorme à la présentation des équipes, on a été plus ovationnés que leurs propres joueurs. Là, tu comprends. Tu te rends compte que tu as marqué l'histoire d'un club, et tu n'es pas dans ton pays ! À chaque fois que je suis revenu, l'accueil a été super mais, la première fois, c'était dingue. Du coup, j'avais l'impression de jouer chez moi ! J'ai fait un très bon match parce que je me sentais comme à domicile. J'entendais les « THW, THW » (pour *Turnverein Hassee-Winterbek Kiel*), je les prenais pour moi !

Le Final Four, se dénoue souvent dans les derniers instants. Vardar Skopje bat Barcelone à la dernière seconde (25-26), pareil pour nous contre Veszprém

(27-26), où l'on contre un tir à la dernière seconde. On explose de joie mais on ne veut pas s'arrêter là. Pourtant… À quelques secondes du bonheur, le but d'Ivan Cupic nous crucifie. Tout le monde se regarde sans savoir vraiment quoi faire, marqués par l'échec et le sentiment d'être passé tout près. En plus, tous nos supporters avaient fait le déplacement, c'était un moment dur à vivre. Tu es terrassé, incrédule, tu as du mal à bouger. Il faut parfois être du mauvais côté pour savourer les victoires à suivre. J'aurai vécu de belles saisons, à Paris. On aura gagné cinq fois d'affilée le titre de champion de France. Il ne me serait pas venu à l'idée de me fixer des objectifs moindres que ceux que j'avais déjà atteints et, tant que je me sentais capable de les atteindre, je n'avais aucune raison de viser plus bas. Quand j'ai signé à Paris, c'était pour aller tout en haut. On y est parvenu mais on n'a pas pu planter notre drapeau au sommet. Des rencontres comme le quart de finale retour contre Kielce, sont pour moi des pierres importantes posées dans la construction de l'équipe. Ce sont des souvenirs marquants et, même s'il n'y a pas eu la victoire ou la qualification, ce genre de match à haute intensité et haute pression m'a poussé à poursuivre et à m'entraîner dur au quotidien jusqu'à la fin de ma carrière.

Une ascension fulgurante

Il ne faut pas oublier que le club a été bâti pour être parmi les meilleures équipes d'Europe. Il en fait aujourd'hui partie grâce à des saisons intenses, de très haut niveau, des performances régulières. Entre joueurs, on s'entendait bien, on partageait la volonté de rester exigeants. La première année et plus tard, il nous est arrivé d'aller décrocher des titres alors qu'on avait six points de retard à la mi-saison. On a montré qu'on était capable de ne jamais rien lâcher et d'y aller ensemble. Les grandes équipes sont celles qui ne perdent pas deux matchs de suite. De toute façon, on était tous conditionné pour gagner des titres alors, on ne lâchait jamais. Les grosses écuries, sont capables, après une défaite en Ligue des champions, de repartir de l'avant pour aller chercher un titre de champion de France. Comme en 2018-2019, après l'épisode douloureux contre Kielce

Et il n'y a pas que l'évolution sportive. On a vu le public arriver. Coubertin, est une petite salle, de 3 500 places, mais j'ai vécu des ambiances, comme s'il y avait 10 000 personnes. Des gros matchs de Ligue des champions contre Veszprém, Kielce, Kiel.

À Paris, le public m'a également adopté. Mon dernier match le reflète très bien. Les chants pendant 60 minutes, les ovations, les : « Titi, Titi » à la

16e minute, parce que je porte le numéro 16... Ça a été un match grandiose alors qu'il ne comptait pour rien. Je suis fier d'avoir mérité de tels adieux, mais je me disais presque que c'était trop. C'est un peu schizo. Je sais. Tu aimes être mis en avant, ton poste l'exige, mais, en même temps, tu n'assumes pas trop d'être le centre d'intérêt.

J'étais ému par beaucoup de choses ce soir-là mais j'étais aussi content car j'avais choisi le moment d'arrêter définitivement. J'ai pu profiter pleinement de cette dernière année où j'ai pris énormément de plaisir encore à me faire mal aux entraînements, à me dépasser, à rebondir après des bons ou des mauvais matchs et à vibrer avec le public. Mais il était venu pour moi le temps d'arrêter après cinq saisons pleines.

Ma dernière en Ligue des champions, contre Kielce, a été particulièrement éprouvante. On perd le quart de finale, mais on vit un match comme j'ai aimé en jouer beaucoup, avec un public de folie, Coubertin comme je ne l'avais jamais vu, un scénario dramatique. On est passé si près... Ce match, il restera gravé. À la fin, j'étais au bord des larmes. Je tombe dans les bras de Nikola Karabatic. On sait qu'on n'en vivra plus jamais des comme ça ensemble. Avec Niko, entre notre premier match tous les deux et le dernier, il s'est passé 19 années. Au milieu énormément de titres, de joies, de déceptions, de moments partagés. Tout ce qu'on a vécu refait surface. Dans ces accolades, il y a beaucoup plus qu'un quart perdu.

Pour ce genre de match je me sentirais encore capable de jouer. J'ai eu ma dose pourtant... Mais un Final Four de Ligue des champions, une finale de Championnat du monde, une finale olympique... J'en ai vécu suffisamment pour ne ressentir aucune frustration mais je ne revivrai plus jamais des moments comme ça.

En début de saison, j'y ai pensé, puis de moins en moins. Enfin, je ne comprenais pas concrètement. Sur les deux ou trois derniers matchs chez nous, je sentais bien que c'était particulier, dans le public, avec les Ultras, qu'il y avait de plus en plus d'hommages. Tu te dis : « Ah oui, c'est vrai, ce sont les derniers moments. » Et c'est dur. Même si c'est une décision que je suis content d'avoir prise, le haut niveau, c'est 25 ans de ma vie, ce n'est pas rien ! Mais ça m'a aussi aidé à trouver la motivation pour boucler une ultime et belle saison. Parce que, se mettre dans l'état nécessaire pour sortir un bon match quand on est gardien, cela demande énormément.

Transmettre et donner

J'ai stoppé ma carrière en équipe de France pour continuer en club. À un moment tu ne peux plus jouer l'intégralité ou presque d'un match tous les trois jours, toutes les semaines pendant 11 mois dans l'année comme je l'ai fait pendant pratiquement une quinzaine d'années. Physiquement, ça allait, mais dans la tête, te remettre dans ta bulle pour faire des arrêts… Je me préparais parce que j'étais susceptible d'entrer n'importe quand, mais ça faisait du bien, parfois, de rester sur le banc, de récupérer. Je dis ça, mais tu as toujours envie d'être sur le terrain. Disons que tu comprends mieux pourquoi le coach le fait. Il y a la gestion de l'effectif et d'une saison. Aujourd'hui si Rodrigo Corrales, l'autre gardien, joue bien, je me dis que le temps de jeu qu'il a eu lui a été bénéfique et que j'ai pu lui apporter mon expérience, de la confiance. On était dans le partage et la transmission.

De toute façon, j'ai arrêté sans regrets, avec le sentiment d'être apaisé. En tout cas, la dernière saison, j'ai profité au maximum de chaque instant, de chaque salle où je savais que je ne jouerai plus jamais.

La cage aux souvenirs

Au moment de partir, je me disais que jamais je n'avais voulu, en tant que gardien, posséder un style, ou être catalogué dans un style. Tout ce que j'ai fait ne poursuivait qu'un but : celui d'être le plus complet possible. J'ai toujours beaucoup regardé ce qui se passait à mon poste et toujours vite assimilé les choses à faire et à ne pas faire. J'ai toujours beaucoup observé les autres gardiens, même si quand j'étais enfant, peu de matchs passaient à la télé, je connaissais les grands noms, les Suédois Tomas Svensson et Mats Olsson, Andrej Lavrov le Russe, Mirko Basic, le Croate. Je me suis inspiré de ces trois écoles pour avoir ma propre patte. Lavrov plus pour ce qu'il dégageait, pour la longévité : il nous a pratiquement éliminés à lui tout seul aux JO en quarts, en 2004, il avait 42 ans. Ça me paraissait tellement vieux à l'époque...

Lui n'avait pas un style aussi identifiable que les stéréotypes suédois ou yougoslaves. La formation en Suède ou au Danemark produit des gardiens forts sur les parades basses, parce qu'ils évoluaient derrière une défense alignée en 6-0, donc ils devaient gérer des tirs de loin. Ils étaient réputés pour savoir bien glisser, bien tomber, des choses que l'on n'inculque pas autant dans les autres cultures, alors j'ai essayé de reproduire ce qu'il y avait d'intéressant dans cette école. J'y ai ajouté la technique des gardiens de buts des Balkans. Ce sont eux qui ont inventé la défense 3-2-1, plus étagée, plus compacte au milieu, qui privilégie les shoots sur le côté. Leurs gardiens sont donc forts sur les tirs de l'aile et les tirs de près. Ils ne se laissaient jamais tomber et, pour moi, à six mètres, il faut rester grand, sur ses jambes, sans tomber. Eux tenaient bien la posture, il était pratiquement impossible de marquer premier poteau à l'aile. Les gardiens serbes ou croates apprennent très jeunes à vite fermer de ce côté-là, il faut aller les chercher deuxième poteau ou choisir l'option roucoulette.

Le fait d'avoir évolué avec plusieurs styles de défense entre Montpellier, Kiel ou l'équipe de France, a bien entendu aussi contribué à rendre mon jeu de plus en plus complet. Il y a des gardiens qui ont des spécificités sur des défenses aplaties, en 6-0, par exemple. Moi, j'ai été formé avec toutes les défenses. À Montpellier ou en équipe de France, à mes débuts, on jouait plus en 5-1 homme à homme, donc avec beaucoup de tirs au contact, des joueurs qui prenaient des intervalles, tiraient à 7-8 m, et beaucoup de tirs de l'aile. À Kiel, en revanche, c'était uniquement de la 6-0, comme presque tout le monde aujourd'hui parce que c'est moins usant physiquement, ça crée moins de duels et avec l'accumulation des matchs, c'est appréciable. Dans les buts, on fait face à beaucoup de tirs de loin, de neuf mètres ou plus. Le jeu était très axé sur l'attaque, la défense n'était pas un axe prioritaire : on reste à six mètres, on lève les bras, le gardien fait des arrêts, ou pas, mais il doit surtout relancer très vite. Je suis arrivé aux prémices de cette conception de jeu, avec un coach qui voulait marquer 40 buts par match alors que je me souviens d'un duel pour le maintien, avec Sélestat, à Créteil, à la fin des années 1990, que l'on a fini à 14-13... L'une de mes premières à Kiel, on perd à domicile 39-37 contre Gummersbach, avec 20 arrêts pour chaque gardien, ce qui fait environ 70 ballons par équipe en attaque à gérer !

Le fait de jouer derrière toutes ces défenses différentes m'a permis d'élargir ma palette. Mon objectif n'était pas seulement d'être bon à l'aile ou à six mètres. Pour moi je partais du principe que tous les tirs pouvaient être arrêtés et mon objectif était d'y parvenir même si je savais que cela n'était pas possible. C'est cela qui m'a toujours fait avancer et continuer de travailler à l'entraînement. Essayer de réaliser l'impossible. Cette fameuse recherche de la perfection.

ÉPILOGUE

J'avais envie de relâcher la pression. Ce n'est pas une question d'année de trop. On m'a beaucoup demandé, l'année dernière, si je n'avais pas peur que ce soit « la saison de trop ». Je répondais aux gens que je n'en avais probablement pas la même définition qu'eux parce que, pour moi, tout est une notion de plaisir. Que tant que je n'irais pas à l'entraînement à reculons, il n'y aurait pas de saison de trop. Je jouais pour moi, pour mes coéquipiers, pour le plaisir que je continuais à prendre. C'est une décision qui doit appartenir au joueur. S'il a envie de continuer, il faut qu'il continue. Les gens disent que tu as fait une année de trop ? Tant pis. C'est un choix personnel, si tu la fais, cette année-là, c'est que tu t'en sens capable.

Le plaisir et la raison

Mais c'est vrai que je voulais que ça se termine bien, que personne ne dise à ma place qu'il serait temps d'arrêter. D'ailleurs, en 2018, je n'étais pas persuadé de faire une année de plus. D'autant plus que, pour moi, la longévité, ce n'est pas jouer longtemps, c'est rester le plus longtemps possible au haut niveau. Nuance. C'est aussi pour ça que je voulais signer dans des clubs qui me permettaient de continuer à avoir de l'exigence et de l'ambition. J'avais besoin d'avoir ça au quotidien pour ne pas me laisser aller. J'avais peur de me mettre à seulement jouer pour jouer, de ne plus avoir cette rage intérieure, cette chose inexplicable qui m'interdisait d'être mauvais. Et puis je m'en sentais capable donc je ne voyais pas pourquoi je serais allé au niveau inférieur si je pouvais continuer à jouer contre les meilleurs.

C'est aussi pour ça que j'ai été très heureux d'être élu meilleur joueur de la compétition au Mondial de 2015 au Qatar. Montrer qu'à 38 ans on peut avoir ce niveau de perf, prouver que je pouvais rester parmi les meilleurs tous postes confondus, c'était une satisfaction indicible. Ce titre, il venait récompenser les efforts que j'ai continué à faire au quotidien, ma remise en question permanente parce que, malgré tous les titres que j'avais gagnés, je n'étais pas rassasié. Je gardais cette même faim, cette même rage de repousser mes limites, de rebondir après un mauvais début de compétition. Et puis, j'avais 38 ans mais ça ne me paraissait pas si vieux que ça. Dans l'absolu, ce n'est pas si vieux que ça, pour un sportif, si. Même si c'est en train d'évoluer, parce qu'on se prépare mieux, qu'on s'entraîne mieux, qu'on est préparé au monde pro plus jeune.

Sur les deux dernières années en club, je jouais moins, un match sur deux, à peu près. Ça me paraissait logique et je ne ressentais plus le besoin de devoir démontrer à chaque match que je pouvais être le meilleur du monde.

Réflexions d'après-carrière

Aujourd'hui encore, j'adore faire du sport. Mais toute ma vie a toujours été organisée autour du hand, de la performance. Déjà à l'école, je n'attendais qu'une chose, le match du dimanche. Aujourd'hui, je ne veux plus que tout tourne autour de ça. J'arrête aussi pour ne plus avoir en tête le match du week-end qui vient, ne plus me dire : « Il faut que tu ailles dormir, il faut que tu manges correctement, il faut ceci, il faut ça... »

Les dernières années, j'ai commencé à me pencher sur l'après-handball. Je pense que c'est aussi ce qui m'a permis de continuer à être performant. J'avais besoin de voir d'autres choses, de ne plus penser 24 heures sur 24 au handball. J'ai suivi notamment deux formations, une d'entraîneur et une de manager général au Centre de droit et d'économie du sport de Limoges.

Je n'étais pas inquiet, mais il faut quand même trouver la chose qui va te plaire, parce que tu sais que tu ne vas plus jamais retrouver le même niveau d'émotion, d'adrénaline. J'ai eu ma part, donc, aujourd'hui en tout cas, je ne ressens pas de manque, mais je ne me voyais pas arrêter et commencer des formations. J'avais envie d'anticiper pour être prêt et pouvoir passer à autre chose rapidement. Ça m'a été confirmé par d'anciens joueurs qui s'étaient reconvertis avec qui j'ai pu échanger, à Limoges. Si on a la possibilité d'enchaîner, c'est mieux.

L'après-carrière m'a toujours interpellé, bon, pas à 20 ans. J'ai eu mon bac B puis je suis allé en STAPS, la fac de sport, à Strasbourg, jusqu'à la licence. Il est possible que j'ai choisi STAPS parce que j'aimais le sport et que je ne savais pas trop ce que je voulais faire ! Je n'étais pas le plus assidu en cours magistraux, mais en revanche présent sur toutes les séances de sport. Il faut quand même dire que je m'entraînais deux fois par jour ! Puis il y a eu le service militaire. Mais il me semblait important de mener les deux. Même si je commençais à gagner ma vie à Sélestat (c'étaient encore des francs à cette époque-là) je savais que ça pouvait s'arrêter. Je suis arrivé à Montpellier en disant que j'allais passer ma maîtrise. Je suis allé à la fac une fois pour m'inscrire, une deuxième fois et puis c'est tout. Ce n'était pas jouable. Deux entraînements par jour, parfois deux matchs par semaine, je n'aurai pas pu gérer. Je me suis dit qu'avec la licence j'avais un petit bagage, que j'avais signé à Montpellier pour quelques années.

À cette époque, je n'étais pas dans la vie d'après mais, déjà à Kiel, sur la fin, je me disais : « OK, combien de temps il me reste à peu près, qu'est-ce que je vais faire, où est-ce que je vais vivre ? » Quand je suis retourné à Montpellier, j'avais demandé une reconversion dans le club. J'avais trois ans de contrat plus deux ans dans le staff. J'avais tout prévu, mais j'ai eu envie de profiter encore du plus haut niveau et je suis parti à Paris.

Quand la formation d'entraîneurs a été mise en place pour les joueurs de l'équipe de France, je me suis dit, autant la faire là, même si je ne me destine pas spécialement à être entraîneur. Quand je discute avec un gardien, parler de technique vient naturellement, quand je regarde l'entraînement à Paris, aussi, j'explique des choses. Sur les dernières années, en club ou en équipe de France, tu es dans la transmission forcément, tu as envie d'aider et de faire passer tout ce que tu as pu apprendre. Quand j'organise mes stages, l'été, sur les 100 enfants, il y a 30-40 % de gardiens, et je vois bien que j'échange naturellement d'avantage avec eux qu'avec les joueurs de champ. Et puis j'ai tellement à redonner au handball...

Ancien joueur, jeune diplômé

Dans un premier temps, j'ai envie de sortir un peu du poste. Tout le monde me disait : « De toute façon, à la fin de ta carrière, tu seras entraîneur des gardiens. » C'est bien, être gardien c'est toute ma vie et c'est un poste que j'adore, mais j'ai envie de voir d'autres choses. Et puis, si j'ai arrêté, ce n'est pas pour continuer à vivre la même vie. C'est la même chose sauf que tu n'es même pas sur le terrain ! Un jour, je m'investirai sur le poste de gardien, je me pencherai sur ce poste parce qu'il y a encore tellement de choses à faire dans la formation des entraîneurs pour qu'ils puissent entraîner les gardiens. C'est un poste par lequel il faut être passé pour donner des bons conseils, pour être dans la tête du gardien, savoir ce qu'il ressent, avoir le bon angle d'approche.

Aujourd'hui, je le fais beaucoup avec Rodrigo au PSG. On a joué ensemble deux ans, on avait ce mode de fonctionnement parce qu'il est demandeur. Je ne veux pas m'imposer, je ne veux pas faire celui qui sait tout.

Mais j'ai fait cette formation parce que je me disais que le diplôme allait me remettre le pied à l'étrier des études. Et j'ai bien fait parce que ça a été dur de m'y replonger ! D'autant plus que, au début, je me suis dit : « J'ai un peu de temps, autant en faire quelque chose, pourquoi pas cette formation ? » Et puis, évidemment, peu à peu, c'est devenu : « Il est hors de question que je le rate » ! Et la deuxième année du diplôme d'entraîneur, j'ai commencé la première année du cursus de manager ! Sinon il fallait attendre deux ans de plus et je ne voulais pas attendre.

Ces diplômes m'ont permis d'entamer ma reconversion au sein du Paris Saint-Germain où j'occupe un poste de coordinateur sportif. Je m'implique au quotidien dans l'actualité du club en y apportant mon point de vue. Notamment au niveau sportif, où je travaille en collaboration avec les différents staffs – technique, médical – et les préparateurs physiques. Je reste également proche des joueurs et de l'équipe. En dehors, je suis toujours parrain de l'association Premier de cordée, et, depuis 10 ans, j'organise des stages pour les jeunes, chez moi, en Alsace, qui portent mon nom. J'avais envie de montrer d'où je venais, ils se déroulent donc dans l'une des salles où j'ai commencé. Je reste attaché à ma région. Je reviens toujours en Alsace avec plaisir, mais le choix que j'ai fait de partir, je ne l'ai jamais regretté. Il faut faire sa vie, aller voir ailleurs. Aujourd'hui, je ne sais pas où je vais terminer, mais je ne suis pas contre l'idée de partir quelque part. Sans me sentir l'âme d'un grand voyageur, je pense pouvoir m'acclimater un peu partout.

En plus du reste, j'assure des interventions en entreprise et je suis également consultant TV pour les matchs de l'équipe de France ! J'aime aller au théâtre. Tout petit déjà, j'adorais regarder des pièces à la télé alors je m'étais toujours dit que, quand j'arrêterai de jouer, j'irai davantage. Eh bien, finalement, je n'ai pas tant de temps que ça !

Regarder devant

Et puis il y a le golf, sport pour lequel je me suis pris de passion. Suite à mon opération de l'épaule à la fin de ma carrière, je n'ai pas pu y aller pendant un petit moment, mais je m'y suis remis et compte progresser rapidement... Je sais que je ne vais pas passer pro, mais je veux travailler pour me perfectionner. J'ai découvert ce sport à Kiel, où beaucoup de Suédois, notamment, y jouaient. Par la suite j'ai eu l'occasion de pratiquer quelques fois. Maintenant, je vais jouer à Béthemont. Et puis c'est un sport qui ressemble au poste de gardien de but de handball dans l'approche mentale. Après un mauvais coup, il faut se concentrer encore pour en faire un bon, comme il faut, après un but encaissé, passer outre la frustration pour ne pas en prendre un autre. En golf comme dans les buts, on peut toujours progresser. Et puis j'ai le côté travailleur, perfectionniste que réclame le golf, et cette envie de réussir le coup parfait. D'ailleurs, j'ai déjà fait de bons coups. Bon, j'en ai aussi fait de très mauvais, mais j'en ai réussi qui me donnent envie de travailler pour les reproduire tout le temps ! Depuis que je suis tombé dedans, j'adore, mais, je n'y vais pas juste pour jouer, j'ai envie de voir jusqu'où je peux aller. De toute façon, jouer juste pour jouer, je ne peux pas.

Je n'ai jamais été du genre à me retourner sur le passé pour me féliciter. Je ne suis pas du style à me dire : « Allez, j'ai gagné ça, c'est bon. » J'ai toujours regardé devant, fixé mes objectifs, je ne me suis jamais complu dans ce que j'avais fait. D'ailleurs, mes médailles et mes trophées ne sont pas exposés. Peut-être que j'aménagerai une pièce avec tout ça, un jour.

Mais j'avoue que je ne me vois pas passer toute la journée devant des vitrines à ma gloire ! C'est une question de caractère qui ne m'empêche pas d'être fier de ma carrière. Elle a été tellement belle. Il y a 25 ans, jamais je n'aurais imaginé vivre ne serait-ce que le quart de ce que j'ai vécu.

Pour l'éditeur, le principe est d'utiliser des papiers composés de fibres naturelles, renouvelables, recyclables et fabriquées à partir de bois issus de forêts qui adoptent un système d'aménagement durable.

En outre, l'éditeur attend de ses fournisseurs de papier qu'ils s'inscrivent dans une démarche de certification environnementale reconnue.

PAPIER À BASE DE FIBRES CERTIFIÉES

MARABOUT
s'engage pour l'environnement en réduisant l'empreinte carbone de ses livres.
Celle de cet exemplaire est de :
500 g éq. CO_2
Rendez-vous sur www.marabout-durable.fr

Préparation de copies : Olivier Villepreux
Relecture : La Machine à mots
Composition et mise en pages : Nord Compo
Couverture : Thierry Sestier
Crédits iconographiques du cahier photos : Page 1 : Archives personnelles (DR) ; Pages 2-5 : © Pressesports ; Page 6 : © Panoramic ; Pages 7-8 : © AFP Forum

---

Imprimé en Italie par Grafica Veneta en mars 2020
pour le compte des éditions Hachette Livre (Marabout)
58, rue Jean-Bleuzen – 92178 Vanves Cedex
Dépôt légal : octobre 2020
ISBN : 978-2-501-13689-1
45.5305.6/01